社員とお客様の心をつかみ
業績とやりがいを循環させる

マインドポジション
経営の実践

村木則予　Noriyo Muraki

エベレスト出版

はじめに

この本は業界内の横並び状態から脱却し、自社ならではの唯一無二の存在感を確立したい中小企業の経営層向けに書きました。そのポイントは、たった一つ。
顧客と社員の心に占める貴社の存在感――マインドポジションを高めることです。

私は事業戦略やマーケティング、ブランディングといった領域で30年以上さまざまな中小企業の支援をしてきました。自分の会社をつくって10年近くになりますが、それ以前はとある会社で社員として働いていました。
社員として働くなかでいつも考えていたのは、どのようにしたら毎日、充実感を持って働けるかということでした。そして、どのようにしたら経営者にその必要性を伝えることができるかということでした。

まず考えたのは、自分のキャリアを主体的に設計するというキャリア開発の実践でした。必要な知識を身につけるためにキャリアカウンセラーやキャリアコンサルタントといった資格を取得しました。

これらは自身のキャリアを考えるうえでは役立ちましたが、中小企業経営という観点からその必要性を経営者に説得するには足りないものがありました。

つまり中小企業の経営者に社員のキャリア開発の必要性を訴えても「ピンとこない」という現実があったのです。

経営者の立場で考えれば、無理もありません。社員のキャリア開発と会社の存続を左右する利益の創出が、頭のなかで直接結びつかないのです。

しかも、キャリア開発の成果が出るまでには時間がかかります。日々の仕事に忙しい中小企業では、社員のキャリア開発よりも目の前の実務をこなすことが優先されます。

幸い私は中小企業診断士という資格を持っており、マーケティングや人材採用の分野で支援の経験がありましたので、中小企業の経営者に対して「お金儲け」や「良い人材を採用する」ためのアドバイスをすることができました。

これらのアドバイスが経営者の皆様に喜ばれたのは言うまでもありません。しかし、やはり気になっていたのは、その会社で働く社員は本当に幸せかという点でした。

そこで社会人大学院に入り直し、「お金儲け」と「働く人の幸せ」が両立する条件は何かという研究を始めました。いくつかの中小企業にヒアリングやアセスメントをさせていただいた結果、業績が良くて働く人が幸せだと感じている会社には、共通項があることがわかりました。

その共通項をまとめて「マスアイデンティティ」という名前を付けて発表し、研究成果や最新の経営ツールを用いて「マインドポジション経営実践プログラム」という名称で提供しています。

このプログラムの目的は、貴社で働く社員が貴社に抱くマインドポジション（心の中の位置づけ）を上げ、顧客のマインドポジションを上げるよう自律的に動ける体制をつくることです。

コロナ禍を経て、人を大切にする経営に本格的に光が当たってきました。幸福を意味する「ウェルビーイング」という言葉も市民権を得てきたように感じます。しかしながら、こと中小企業においては、社員のウェルビーイングは会社の利益に直接結びついている必要があります。それがなければ、ただのキレイゴトに終わってしまうからです。

キレイゴトに終わらせないようにするにはどうすれば良いのか。

本書では「マインドポジション経営」というコンセプトを軸に、私の経験や研究成果を総動員して、この点をできるだけわかりやすく解説することを目指しました。

なお本書の構成は次のようになっています。

まず第1章で、マインドポジション経営が必要になっている背景について触れます。顧客のマインドポジションと社員のマインドポジションの高低を軸にマトリクスを描き、それぞれの象限にある企業の特徴や課題と、課題解決の方向性について説明します。

第2章では、私が関わらせていただいたK社の事例をもとに、マインドポジション経営の実践を通して、会社がどのように変化していったかを見ていきます。

第3章以降は第2章で紹介する事例の背後にある考え方を、事業開発、人材採用、組織開発の3つの側面から解説しています。

第3章では、顧客のマインドポジションを上げることで業績改善を図る方法や事例を説明します。貴社の強みを磨き上げ、既存顧客のマインドポジションを上げたり、マインドポジションの高い顧客を新たに見つけるための方法などについて触れています。

第4章と第5章は、貴社に対する社員のマインドポジションを上げることで、貢献意欲を引き出す方法について説明しています。

このうち第4章は、将来の社員である人材採用の対象者について、どのような対応の仕方をしておけば入社後の活躍が見込めるかといった観点での説明が中心となっています。また第5章は貴社の既存社員が持てる力を発揮し、業績に貢献する社員となるための考え方について触れています。

マインドポジション経営を実現するためには、従来から私たちが慣れ親しんできた考え方をアップデートする必要があります。第6章では、そのための切り口を10個挙げ、どのような考え方の転換が必要かを説明しています。

この一冊を通じて、貴社のなお一層の発展の道筋をつかんでいただければ幸いです。

目　次

第1章

いま
マインドポジション経営が
求められる理由

横並びからの脱却と独自の存在感の確立へ

マインドポジション経営と聞いて、どんなイメージを持たれるでしょうか。

マインドは「心」、ポジションは「位置づけ」ですから、「心の中の位置づけ」を意味することはおわかりいただけると思います。それが経営にどのように影響するのか、そのあたりを少し説明します。


物やサービスの差別化が難しい時代といわれます。物にしてもサービスにしても一定以上の品質が提供できなければ、そもそもお客様が購入に踏み切りません。マーケティングの文脈でいえば、顧客が商品・サービスを購入するのは、顧客の悩みや課題が解決できるからです。つまり、売れるか売れないかは顧客の悩みや課題に合致しているかどうかにかかっています。合致していれば、買いたい気持ちが起こり、顧客の心に占める貴社や貴社商品の位置づけ（ポジション）が上がります。競合他社の商品ではなく貴社の商品を買おうと心に決めます。

次に社員の心に占める貴社の位置づけ、マインドポジションがどんな効果を生むかを見てみましょう。

どの業界も人材不足が問題になっています。「七五三」と呼ばれるように、せっかく採った人材も、大卒で3割、高卒で5割、中卒で7割が3年以内に辞めるともいわれます。その理由の一つが求人側と求職側の思惑がすれ違っているために起こるミスマッチです。貴社に対する社員のマインドポジションを上げることで、この問題を回避することができます。貴社で働くことに意義を感じ、率先して会社の利益に結びつく行動をとるようになります。

この関係をより明確にするために、貴社に対する顧客のマインドポジションの高／低と、社員のマインドポジションの高／低でマトリクス（次ページ参照）をつくり、比較をしてみましょう。一部の例外はありますが、顧客のマインドポジションが高ければ一般的に業績は上がると考えられます。

まず、顧客のマインドポジションが高く、社員のマインドポジションが低い①の業績優先経営。顧客のニーズに合致した優れた製品やサービスを提供しているものの、社内の人員が不足していたり、仕組みができていないか、うまく機能していないために、無駄な動きや衝突が生じている可能性があります。

業績が上がっているので経営者は気づきにくいのですが、社員のモチベーションダウン

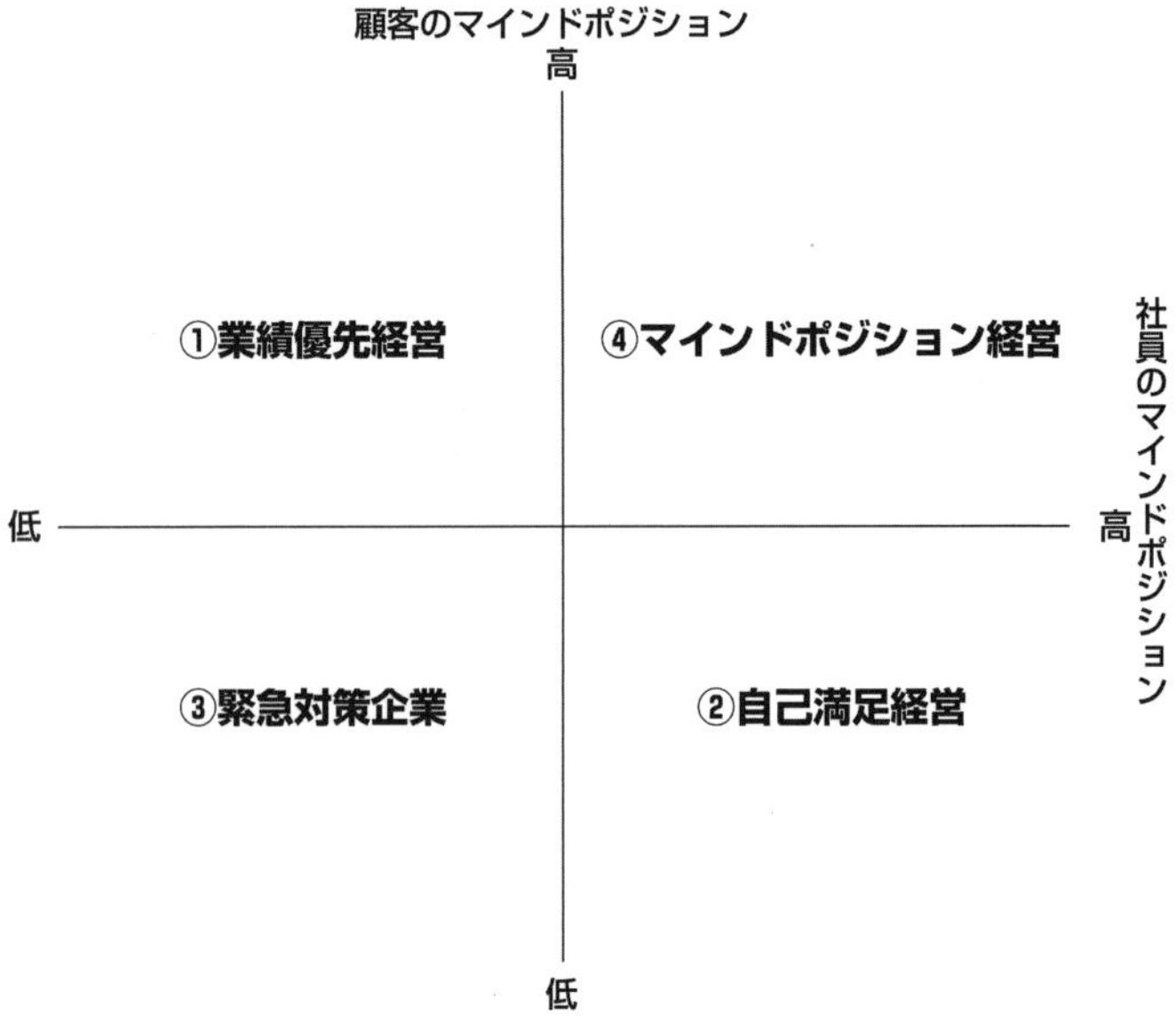
顧客のマインドポジション
高
①業績優先経営
④マインドポジション経営
低
高
社員のマインドポジション
③緊急対策企業
②自己満足経営
低

や離職などの負の兆候が生まれている可能性があります。

②は社員のマインドポジションは高いものの、顧客のマインドポジションが低いケース。事業が自己満足の域にとどまっており、志は高いものの、顧客ニーズの芯をとらえた事業活動ができていない可能性があります。

このなかには、社員と顧客のマインドポジションが高いものの、業績に結びついていないという特殊なパターンも含まれます。社会的な弱者に寄り添うソーシャルビジネスによくあるケースで、その必要性は誰もが認めるものですが、多くの場合、お金をいただきにくい構造となっているために、利益創出に常に苦労をしています。この場合、考えるべきはマネタイズの工夫です。

③は顧客のマインドポジションも社員のマインドポジションも低い場合です。かつては業績も良く活気にあふれた会社であった可能性もありますが、時流が移り変わり顧客の動向にキャッチアップできなかった結果、顧客の心が離れ、その結果、社員の意欲も低下している状況が想像できます。

実際、私が関わってきた多くの企業のなかには、顧客や社員のマインドポジションが低下気味で、にっちもさっちもいかないという状況の企業がありました。業界全体の構造が変化しているのに、旧来のやり方を踏襲し続けている企業によく見られる現象です。顧客が離れていくのに、会社は何も手を打たない。その状況を社員がただ無力感をもって見守っている。過去の成功体験にとらわれている場合によく見られました。

そして最後は、顧客や社員のマインドポジションが高く、業績も高い企業、すなわち「マインドポジション経営」企業です（④）。顧客のマインドポジションも社員のマインドポジションも高く、社員が充実感を持って仕事をしながら、会社の業績も上がっているという状況です。顧客と社員のマインドポジションに気を配り、そのニーズに立脚した経営を日々改善しながら行った結果、利益を生みだしている企業です。

こうした企業では、社員のマインドポジションの高さが顧客のマインドポジションの獲得に結びついています。日々の仕事のなかから顧客や社会の変化に気づき、細かな改善策を積み重ねて、顧客が喜んでお金を払ってくれるような商品やサービスを考え続けています。あるいは顧客がリピートしたくなるような接客や言葉遣いを研究しています。仮に何かに成功したとしても、その場所にとどまっていません。常に新しいことに取り組む活力が社内から湧いてきています。

マインドポジション経営に移行する2つの方法

先のマトリクスで示した①業績優先経営、②自己満足経営、③緊急対策企業が、④マインドポジション経営に移行するためのアプローチ方法は2つあります。

1つは、事業の見直し、もう1つは組織の見直しです。組織の見直しには人材採用方法の見直しも含まれています。

顧客のマインドポジションが高く、人材のマインドポジションが低い①業績優先企業がやるべきは、組織の見直しです。スキル教育やトレーニングのレベルではなく、組織体制の見直しや社員の心に踏み込む手を打つ必要があります。

どんな事業もそうですが、軌道に乗るまでは、最小限の人員や設備で行っていくことが多くあります。特に中小企業が新規事業に取り組む際は、担当者は既存事業と兼務という場合が多々見られます。

その新規事業が急速に伸びていくとき、タイミングよく人員の増強ができればよいのですが、大方の場合は「既存の社員でなんとかしなければならない」という状況になります。

仮に人材採用ができたとしても新人が戦力になるまでには時間がかかります。新人教育に手間が割かれて、本来やるべき業務に関わる時間が削られるということすらあります。

いずれにせよ、会社の事業は順調に伸びているけれど、社員の負荷は大きくなるばかり。

精神論で乗り切るには限度を超えているといった場合。

そのまま放置すると、社員のメンタルダウンや離職につながり、なんとか頑張ってきた社員もモチベーションの糸が切れて、生産性が著しく落ちていく可能性がないとはいえません。

よって手を付けるべきは、社員や組織に対するケアです。人材育成やトレーニングの域を超えて、社員の気持ちに寄り添うと同時に、負荷を分散する仕組みを作っていく必要があります。もちろん早期に戦力となる人材の採用にも目を向けていく必要があります。


顧客のマインドポジションが低く、人材のマインドポジションが高い②自己満足経営企業がやるべきは、事業の見直しや見せ方の検討が中心となります。

志の高いチームが今までにない事業を始めたものの、何らかの理由によって顧客から認知されず、顧客のマインドポジションを獲得するに至っていない状況に手を打つ必要があります。社会課題解決型の事業や、顧客を具体的に想定することなく技術やノウハウなどのシーズから発想した事業などが該当します。

社会課題解決型の事業の場合、目の前にある社会課題を解決するという使命感にもとづいて事業を始めていますから、関わる人のマインドポジションは高く、取り組む意欲も当然、高くなります。

問題は、顧客ターゲットとなる人たちが、サービスの価値に相当する額のお金を払いたがらないか、払えないという点にあります。

たとえば、放課後の小学生に勉強や遊びの場を提供する学童保育は、子どもの教育や親の就業支援という観点から重要な事業ではありますが、ユーザー側が公共サービスと同列でとらえているために金額設定が難しい側面があります。大切だけれど、サービスの価値が認められていないという意味では、顧客のマインドポジションは低いと考えられます。

技術やノウハウといったシーズから発想した事業の場合はどうでしょうか。技術志向のエンジニアや創造力あふれる社長は独自の発想でさまざまな事業を生み出しますが、具体的に顧客を想定していないために、誰に売ってどのように利益を生むかという段階になって途方に暮れることがよくあります。

これら②自己満足経営企業のうち、社会課題解決型の事業は顧客が価値を感じるレベルまで事業内容を引き上げる必要があります。

他方のシーズ型企業の場合は、顧客との接点を見つけ、その接点を起点として自社事業を見直す必要があります。

いずれにせよ事業やその表現の仕方の観点から見直す作業を行い、顧客のマインドポジションを上げることで、収益を確保していく道をとるのがベストです。


顧客のマインドポジションも社員のマインドポジションも低い③緊急対策企業の場合。まずは、収益を確保するために顧客のマインドポジション向上に取り組みます。

経営環境の変化によって既存顧客の心が離れてしまっているのであれば、もう一度、親密な関係を取り戻すために何が必要かを探ることが大切です。あるいは既存技術やノウハウが活用できる新たな市場や業界の目処をつけていきます。

このような方法によって顧客のマインドポジションを上げるか、マインドポジションの高い新たな顧客を見つける手を打ちます。

そのプロセスに社員を巻き込むことができれば、社員のマインドポジションを同時に上げていくことができます。社長と社員が一体となって危機感を共有し、新しい領域を切りひらく例は枚挙にいとまがありません。

たとえばコロナ禍下で営業停止を余儀なくされたある飲食店では、テイクアウトのお弁当販売と同時に家庭向けのお惣菜の販売を始めました。今までお惣菜は営業品目に入っていなかったのですが、主婦である社員の一人の発案で始めたものです。

この新規事業が家にいる時間が長くなった消費者に受け入れられて売上を伸ばし、コロナ禍後にも収益に貢献する事業の柱の一つになりました。

この展開は、危機感を共有した社員が自ら企画を立て、社長が賛同して実現したものです。この成果によって、企画した社員や周囲で協力した社員の会社に対するマインドポジションが上がり、同時にコロナ禍下のお惣菜ビジネスという切り口によって、新たな客層を見つけることができました。社員のマインドポジションと顧客のマインドポジションを同時に引き上げ、業績の拡大につなげることができたわけです。

これからは社員のマインドポジションを上げることを通して、顧客のマインドポジションを上げ、利益創出を考えていくべき時代に入っていると私は考えています

イソップ童話の『北風と太陽』の話はご存じかと思います。

厚いコートを羽織った旅人のコートを脱がすのは、冷たく厳しく吹きつける北風ではな

く、あたたかく照らす太陽です。

厚いコートを羽織った旅人が、貴社の経営に重要な役割を果たす顧客や社員であれば、その人たちの事業やキャリアや人生の行方に温かさという価値を添えられる企業が圧倒的なファンを増やし、継続的な発展を果たしていくはずです。

顧客と社員のどちらが優先されるのか

コロナ禍を経て、大手企業を中心に人に対する投資を優先すべきという風潮が高まっています。人に対する投資が重要なのは、なにも今はじまった話ではありません。人材の能力を開発し、会社の業績に貢献する働きをしてもらうことは、人的資源管理の基本ともいえます。

ところがここ数年、この考え方に変化が現れてきました。「人材」は設備や材料のような単なる「資源」ではないという認識が広がっているのです。

人には感情があります。その感情はさまざまな人間関係や仕事の内容、負荷などの要素によって揺れ動きます。かつては、人材のパフォーマンスは感情に左右されるものではないと考えていた時代もありました。もしくは、「仕事に感情を持ち込むな！」といった具合にばっさり斬られてしまうこともありました。

ところが人はそうそう器用に気持ちを切り替えられるものでもありません。放っておいても仕事の現場に感情は持ち込まれます。家庭内がうまくいっていなければ、それに気をとられて仕事に集中できないこともあります。職場の人間関係が悪ければ、そのことばかりに気持ちが割かれて手元がおろそかになります。いくら仕事中だと言っても、気がかりなことがあれば、そちらに意識が向けられてしまうのも無理のないことです。

逆に、家庭で良いことがあったり、仕事で感謝されるようなことがあったりすれば、自己重要感も高まり仕事へのモチベーションも上がります。当然、成果に好影響を及ぼすことはあり得ることです。

感情を持つ人材、スタッフ、社員にどのように働いてもらうかは、これからの会社経営に非常に重要な要素となっています。なぜなら、誰かが考えて、別の誰かが実践するという上意下達の従来方式では、経営環境の変化や顧客の嗜好の移り変わりについていくことができなくなっているからです。誰もがそれぞれの持ち場で自ら考え、ベストな選択を探りながら進んでいく時代に入っているからです。

そのためには、今まで見過ごされてきた側面すなわち人材の感情や、それに影響を与える人間関係や職場の環境に目を向けていく必要があります。これら目には見えないものが、社員が生み出す成果に大きな影響を与えることがわかってきたからです。

マインドポジション経営という言葉は、顧客と社員の両方のマインドポジションを高めることで、利益を生みだす体質への転換を促すことを指しています。

この好循環を生み出す起点は社員、従業員、スタッフなどの人材です。顧客や市場の微細な変化に気づくのは、第一線で顧客と向き合い、日々の業務をこなしている貴社の人材に他なりません。

そして、人材の貴社に対するマインドポジションを上げていくことで、貴社に対する貢献意欲を高め、顧客のマインドポジションを拡大する「ブレイン」兼「実行部隊」して動けるようにしていくことが、マインドポジション経営が目指す理想的なサイクルなのです。

その総指揮を担うのは、本書をお読みいただいている経営者の皆様です。


コロナ禍を経て「人的資本経営」といった言葉をよく目にするようになりました。

かつて経営資源は「人・もの・金・情報」の4つとされ、その筆頭が人ということで、最も重要視されてきました。「資源」としての「人材」は、適切な管理によってコントロール可能と考えられてきましたが、人的資本経営の文脈では、「人材」は「資源」ではなく「資本」と考えられます。

「資源」と「資本」――このたった一文字の違いが、人材を管理の対象から、投資の対象に変え、コストではなく価値を生み出す源として考えられるようになったのです。

私のお会いする経営者のなかには、既にそのことに気づかれていて、働く環境を整備することで、社員の働く意欲を引き出そうとされている方が多数いらっしゃいます。

たとえば、社屋内の空いているスペースに筋トレやランニングができる設備を導入して、社員が自由に使えるようにしている企業。社員が自主的に学びたいと考える通信教育の教材を、業務に関係あるなしにかかわらず会社負担で提供している企業。資格取得の費用を会社が全額負担する企業、社員の誕生日やクリスマスにケーキや花束を届ける企業等々。

いずれも中小企業だからこそできるきめこまかな心配りで、社員の会社に対する愛着を高めることに役立っています。

マインドポジション経営はこれを一歩進めて、社員が自律的に会社の利益につながる活動に取り組めるような仕組みをつくっていくことを目指しています。そのためには、準備が必要です。本書ではそのことに触れていきます。

マインドポジションが高い企業のイメージ

会社に対するマインドポジションが高い社員が、顧客のマインドポジションを高める行動や配慮を自然に行ってファンを増やしているという企業は少なくありません。

ある中小企業に伺って、その秘密を尋ねたことがあります。その社長は、わけあって先代から事業を引き継がれた方で、引き継いだ時点の社員の気持ちはばらばらでした。一応、仕事は回っていたけれど、トラブルも多く、客先からのクレームも当たり前のように発生していたといいます。

そのうえ、人材を採用してもすぐに辞めてしまうといった苦労を、社長になった当初はさんざん経験したと話してくれました。

そこで、一人ひとりの社員と話をして、入社動機や仕事上の夢などを根気よく聞きとっていったそうです。こうした取り組みには即効性がなく、本当に会社が良くなるには相当の時間がかかったとおっしゃっていましたが、今では、地域一番の顧客に愛される企業として自他ともに認める存在になっています。

この会社では「顧客第一主義」を理念に掲げ、その理念を社員に徹底させています。徹底させているといってもトップダウンで押しつけているわけではなく、社員が顧客に対して貢献したいと思う気持ちを尊重するやり方をとっています。

社長は「社員たちがお客様にしてあげたいと思うことをやって、お客様から感謝の言葉をもらえば、次からはもっともっとお客様に尽くしたいと思うでしょう。それが当社のファンを厚くしていく。ひいては理念の実現と当社を継続させる利益が確保できる」と語っています。

同じような例は別の中小企業にもありました。この会社は部品の製造をしているのですが、現場のカイゼンに必要な備品の購入は金額の制限を設けつつも上長の承認なく自分の判断で自由に購入して良いことになっています。

もちろん事後報告はするわけですが、その成果が他の部署でも参考になるようなものであれば、事例を共有する機会まで設けています。

自分の裁量で現場を改善でき、その成果を誉めてもらえる機会があるという理由で、会社に対する社員のマインドポジションが上がり、その成果が生産効率の向上、つまりは顧客の期待に応える活動となっていく――。

その結果、顧客のマインドポジション向上に結びついている例といえます。

「紳士淑女におもてなしする私たちもまた紳士淑女です」というモットーで有名な「ザ・リッツ・カールトンホテル」も同様に、顧客満足を最優先したおもてなしを社員が楽しんで行えるような仕組みをつくっています。おもてなしのクオリティの高さでリピーターも多いホテルです。

顧客の誕生日にベッドの上にバラの花びらで誕生日を祝う装飾がしてあったり、前回滞在した時の記録が残されていて、部屋に到着したら何も言わなくてもお気に入りのコーヒーが用意されていたり……。

顧客にサプライズを提供して、感動してもらうことそのものが社員の喜びであり、顧客を熱いファンにする仕掛けともなっています。

ある人材教育会社でのワンシーンを私は忘れることができません。その会社の事務所では、いつも、複数の社員が、受講生がよりよく学習を進められるように、さまざまなアイデアを交わしていました。

時に、競合会社ではこんなことをやっていて、それがうまくいっているとか、いないとかいった、会議室のなかで交わされるような情報までが日常会話のなかで交わされているのです。お客様のマインドポジションを高めるためにどうすればいいかを皆で議論するのが楽しくて仕方ない、という様子です。

マインドポジション経営が目指すのは、こんなふうに会社の持続的な発展に役立つアイデアを社員全員が楽しそうに話し合い、実践しながら成果を出していく経営なのです。

マインドポジション経営に込めた想い

私が「マインドポジション経営」という言葉に込めた想いを記します。

もともと人材採用や企業広報の分野で仕事をしてきた私は、過去に100社を超える中小企業、千人を超える社員の話を聞き、働くことへの意識やモチベーションの源を探ってきました。そして気づいたのは、多くの社員は、あまり幸せに働いていないという現実でした。

幸せか、幸せでないかと問われたら、「幸せでない」と答える社員が多い。その理由は、自分の好みや強みを脇において、与えられる仕事を黙々とやっていくのが「仕事」であると考える人が多かったからだと思います。


1年約250日、20歳前後から60歳を超えても働きつづけなければならないこの時代に、自分を押し殺して仕事をして人生を費やしていくのでいいのだろうかと思いました。その解決策となるのではと考えた最初の切り口はキャリア開発でした。

キャリア開発とは、個々の社員が自分のキャリアやそこで学んだことを振り返り、強みや弱みを認識し、会社の方向性を踏まえながら、どのようにキャリアを重ねていくかを社員一人ひとりが考えて自律的に自己のキャリアをひらいていくことを指しています。

キャリア開発は、終身雇用が常識ではなくなった頃から、国を挙げて積極的に推し進めてきた施策です。しかしながらその施策が出始めた１９８０年頃は、中小企業の社長や人事担当者からの逆風が強く、「せっかく採用したうちの人材の関心を、他の方向に向けさせてくれるな」と言われることもありました。

言われてみれば無理もありません。中小企業にとって人材採用は至難の業。特に、将来の幹部候補ともなる大卒学生の新卒採用となるとハードルはグンと上がります。

仮に就職したとしても、もっと良い条件が整う他の企業に安易に転職されてしまうのではないかという想いが常につきまといます。キャリア開発という名の下で、社員が自分のキャリアを開いていくという考え方自体が、受け入れられにくい状況でした。

個々の社員が自律的なキャリアを選択することで、仕事にやりがいを見つける。そうすれば幸せに働けるだろうと考えた私の当初の思惑は、中小企業の経営層が抱く「アンチキャリア開発」の意識の前に惨敗しました。

その次に目を向けたのは組織開発です。特にコロナ禍以降は、社員のパフォーマンスを高めるには能力開発のみでは不完全と考える傾向が強まり、どのように働く環境を整えるかといった観点からさまざまな考え方や手法が提案されました。それでもまだ中小企業の社長の関心はなかなか高まりません。なぜなら、組織を開発することが、どのように業績向上につながるかの因果関係が明確ではなかったからです。

人材教育や組織開発などの人事的な施策が、長期的な企業の発展に不可欠であることに反対を唱える人はいないでしょう。ところが、顧客のニーズに合致したヒット商品を生み出し、売上をぐっと押し上げるような施策の効果と比較すると、即効性がない分、経営者にとって魅力が劣るのも確かです。

パソコンのソフトが使えるようになるとか、製造現場の仕事に必要な資格を取るといった、仕事にダイレクトに結びつくスキル育成は別として、社員に自分の働き方を考えさせるとか、組織としての成果を最大化する考え方を身につけさせるとかいった手段が、業績への貢献という形で日の目を見るまでには相当の時間が必要です。

これが大企業であれば若干事情は違うのですが、中小企業となると、研修やワークショップなどで社員に学びの場を提供するのに抵抗がある場合もあります。

社員には1分でも1時間でも長く現場にいて、顧客対応や製造に関わってほしいと考える経営者の気持ちもよくわかります。

私自身も中小企業の経営者として一番に考えるのは、会社を持続させるための利益の確保とそのための顧客満足の実現です。単発の顧客を開拓し続けるよりも、自社のサービスを評価してくれる絞られた顧客の満足を高めてリピートしていただく方を優先すべきと考えます。

そのためには、まず、営業力の強化や競合他社との圧倒的な差別化を実現する商品力、サービス力の強化を考えます。これは当然のことです。

中小企業経営者としての短期的な利益確保の欲求と、社員が幸せに働ける環境整備を両立させるにはどうすればよいのか。

両立が難しいと思われていた二つの事柄をなんとか両立させようと考えた結果出てきた解決策の一つが、働く人の会社に対するマインドポジションを上げることで、社員が自律的に顧客のマインドポジション向上に動き出す「マインドポジション経営」の実践でした。

人口減少の日本で中小企業が持続的に成長するために

コロナ禍を経て、どの業界からも「人手不足」という言葉が頻繁に聞かれるようになりました。人口が減っているのですから致し方ありません。これまで労働力としては捉えられていなかった育児期の女性や高齢者に光が当たり、働き続けてもらうためにさまざまな施策が打たれました。育児期の女性が働き続けられるようにと会社の制度を変更したり、高齢者が雇用されやすくなるような助成金制度が整えられたりしてきました。

しかしながら、中小企業にとってみれば、今いる社員がもっと力を発揮し、部署を問わず利益に貢献する働きをしてくれれば、それに勝る良策はないとも考えられます。

社歴の長い中小企業のなかには部門の壁が厚く、その壁を超えて仕事を手伝おうとすると「越権行為」として非難されるところもあると聞きます。私の知っているある企業でも同様のことが起こりました。

在籍期間が長く、面倒見の良い女性社員は、他部署にも目が行き届き、若手が困っていれば手を差し伸べていました。しかし、ある時、上司からストップがかかります。理由は「組織の規律が乱れるから」。個々の社員が自分の持ち場をそっちのけにして、他の社員を助けにいっていたら業務が回らなくなる、と管理者である上司が不安を抱いたのかもしれません。

自分に割り振られた業務も十分にこなせないのに他人の仕事を手伝うのは筋が違う話です。しかし、自分の仕事に余裕があるなら、困っている同僚や上司を助けるのはなんら悪いことではないはずです。

ある会社では、多忙な上司の仕事の手伝いを申し出た若手社員が、通常の業務では経験できない仕事をさせてもらえることになり、新しいスキルや仕事の捉え方を体得したということがありました。

少し話はずれますが、兼業・副業を認める企業が近年、増えているということの背景には、社員に他流試合をさせることで、社内で働いているだけでは得られないスキルや人脈を身につける機会を提供するという意図もあります。

同じ仕事だけを続けていれば、専門性は磨かれるかもしれませんが、井の中の蛙になるのは明らか。他流試合を通して新しいものの見方やスキルや人脈が得られれば、一人の人が発揮できる力の大きさや影響力も確実に拡大します。

多様性を意味する「ダイバーシティ」は、性別や年齢、国籍の違いを意味するだけでなく、一人ひとりの社員が持つ個性が伸び伸びと発揮され、多様なキャラクターが共存する状態を意味します。キャラクターが多様であればあるほど、組織やチームとしてさまざまな角度から物事を見ることができます。

その結果、現状の課題に気づいたり解決策を見つけたりする可能性が高まります。企業が利益を生み出すために不可欠な顧客満足の実現にも役立ちます。新しい角度から顧客のニーズに応えるための創造性の源ともなり得るのです。

ガイドラインとしてのビジョンや理念の必要性

働く人のマインドポジションが上がり、会社の持続的発展に役立つ発想を促す。このサイクルを完成させるためにもう一つ大切なことがあります。

それは、マインドポジションを上げるためのガイドラインを用意しておくということです。

ガイドラインとして適切なのは、経営理念やビジョンなど企業の方向性を指し示す概念です。なぜなら顧客や社員が貴社のファンになる理由は、商品やサービスの内容ばかりでなく、背景にある考え方や目指す方向でもあるからです。

前著『中小企業のサステナブルブランディング』も書きましたが、顧客が企業を選ぶときの基準は、かつては、貴社の商品やサービスが提供するベネフィット（便益）が中心でした。ベネフィットとは、顧客のニーズに対応したり、課題を解決したりする商品・サービスの価値のことを指します。

ベネフィットには顧客のニーズによって階層があります。

たとえば、洋服という商品一つとっても、人によって購入する動機が異なり、期待するベネフィットも異なります。

流行に敏感で自分をアピールしたい人は、先端のファッションを表現する洋服をいち早く探し出し購入します。サラリーマンや学生など、特定のグループに属していることを示したい人は、周囲から浮き立つことのない色合いや素材の洋服を選びます。寒い地方に住む人は、ファッションよりも寒さ対策を優先して洋服を選びます。逆に常夏の国に住む人は、風通しの良い素材やデザインを選びます。

このように、商品やサービスのベネフィットが適切かどうかは、それを購入する人がどのようなニーズを持っているかによって決まります。

したがって、商品を売るためのマーケティング戦略では、必ず顧客は誰か、そのニーズは何かが問われ、それに合致した商材であるかどうかが、売れる・売れない、の勝敗を分ける決め手となってきました。

ところが地球環境の激変やコンプライアンスの問題が身近に感じられるようになると、ものやサービスの生産者たる企業がどのような考え方のもとで商材を提供しているかに焦点が当てられるようになります。

たとえば世界的に人権意識が高まる中、企業のサプライチェーンの末端における商慣行に注目が集まることも多くなりました。

コストの安い労働力を求めて海外に製造拠点を移した中小企業も、現地の労働環境に気を配り、労働者に適切な環境や待遇を与えているかどうかをチェックする必要が生まれています。

原材料として木材を使用する企業の場合、地球環境保護の観点から管理された木材を使っているかどうかが取引先から選ばれる条件となります。印刷会社の場合も、使用する紙やインクが地球環境に対する負荷を抑えたものであることが、取引先から選ばれる条件となったりします。

消費者が商品・サービスを選ぶ際も同様です。品質や性能が十分であれば、商品やサービスの背後にある環境や人権に対する企業側の意識が商品・サービス選択に影響を与える要因となります。

上場企業や店頭公開企業であれば、その会社で働く人をどれだけ大切にしているかが投資判断の材料となります。人に対する配慮が、企業の今後の発展と収益性の拡大に大きく影響を与えるという理解が進んでいるからです。ちなみに、社員の働きがいと会社の成長を両立させるというテーマは、持続可能性という観点から社会課題の一つと位置付けられています。

このように顧客や消費者が直接的に求める性能や品質に加えて、企業の社会課題に対する姿勢が、顧客や社員から選ばれる理由の一角を占め始めています。だからこそ、貴社の理念やビジョンのなかに、事業の延長線上で取り組むべき社会課題のテーマを取り込んでいただきたいと思います。

ただし、社会課題に向き合う姿勢を表明するときに一つだけ気を付けていただきたいことがあります。その姿勢は、本当に会社の中心的な考え方に紐づけられているか検証をする必要があるということです。

たとえば、コピーに使う紙を再生紙に変えたとか、1年に1回、会社周辺の清掃活動をしているという理由で、社会課題の解決をしていると声を上げてよいものでしょうか。もちろん、やらないよりはやったほうが良いのは確かですが、その企業が、顧客や消費者から選ばれる理由とするにはあまりにも心もとない活動です。しかも必然性がなく、企業や社会の持続可能性に貢献するとは到底言えません。

いずれにせよ、これからの企業は規模の大小を問わず、社会課題への向き合い方を理念やビジョンの中に取り込んでいく必要があります。それは顧客も社員も望んでいることだからです。そして、こうした観点で見てみると、環境や人材への配慮について理念やビジョンに記載している例を見かけることが多くなりました。次にやるべきは、これらの理念やビジョンをガイドラインとして、既存事業の見直しや新規事業の開発を行い、利益を生みだしていくことです。

利益は企業が活動を続けるためのガソリンです。ですから、理念やビジョンを美しい言葉として飾っておくのではなく、貴社と社会の持続可能性のために十二分に活用していく必要があります。

マインドポジション向上の基本は持てる資源の再開発

先述のように本書では貴社に対するマインドポジションを上げる対象として、重要なステークホルダーを二者挙げています。顧客と社員です。社員のマインドポジションを上げることを通して顧客のマインドポジションを上げ、企業の持続的発展に不可欠な利益の確保を目指します。

顧客のマインドポジションを上げるためのガイドラインが、会社に固有の理念やビジョンとなることを書きました。では、それが明確になったら、次は何をすればよいのでしょうか。

基本となる考え方は、持てる資源を再開発するということです。顧客のマインドポジションを上げるために検討すべきは、現在の貴社の強みや資源を再点検し、顧客の視点で優位性をもう一度見直すということです。

それは、顧客のニーズに、より合致した商品・サービスを提供するという一言に尽きます。顧客が抱える課題をより高度に解決する商品・サービスの提供です当たり前のことではありますが、顧客のニーズや課題にそって商品・サービスは進化していくべきものです。

たとえば小学生が教科書やノートを入れて背負うランドセル。かつては革製の重厚感のあるものが主流でしたが、昨今は人工皮革などの軽量素材で、見た目はさほど変わらないのに、収容量は、かつての1・5倍ほどある商品が登場しています。

小学校1年生の子どもが買ったばかりのランドセルを背負った姿はまるで「ランドセルが歩いているよう」で、子どもの成長を喜びながらも「見ていられない」という感想を抱いた親御さんもおられたと思います。こうした想いを汲み取ったメーカーが軽量・大容量のランドセルを上市し、市場からは好意的に受け止められています。

また、コクヨの「カドケシ」を使っている方はおられるでしょうか。細かな文字を消すときに便利な消しゴムのカドが、一つの消しゴムのなかに20個以上も用意されているという商品で、発売された当初はその画期的な発想がもてはやされました。消しゴムをしばらく使っていると、どのカドも丸くなり、消したいところだけきれいに消すことができなくなることにストレスを抱えていた人がどれだけ多かったかが想像されます。私も随分とお世話になりました。

ＢｔｏＢの事業の場合は、商品・サービスを含むビジネスモデルのレベルで顧客ニーズを満たすべく進化していく例が多数見られます。特にコロナ禍以降は、利益率の低い既存事業から、より付加価値の高い新規事業への転換を促す補助金に多額の予算が組まれるなど、事業転換を促す国からの強いメッセージも感じられます。

この分野の事例としては、客先に向けて自社で製造した商材を提供していた企業が、客先の要望に便利屋的に応えているうちに、他社製の商材を含めて提供するようになり、メーカーから商社へとビジネスモデルを拡張する例。工事業を営む企業が、工事に必要な機材を短納期で調達するために自社で製造するようになり、メーカーの機能を取り込む独自のスタイルを構築する例など多数の事例を挙げることができます。

いずれも顧客の困りごと、悩みごとの解決を目的にさまざまな試行錯誤を経て到達した新しい展開です。注目すべきは、こうした新しい展開はゼロからスタートしているわけではないということです。いずれも、もともと持っていた自社の技術やネットワークを活用し、顧客の満たされていないニーズを見つけて、従来とは異なる視点から解決策を提供している点に特徴があります。

顧客のマインドポジションと社員のマインドポジションを循環させる

ベンチャー企業の経営者は自身のアイデアをもとに商品やサービスを試作し、その試作品が市場ニーズと合致するかどうかを試します。たいていの場合、アイデアから生まれた試作品は市場ニーズと合致することはありません。よって、当初のアイデアはほぼ日の目を見ることはありません。

最初のトライで失敗すると、事業を立ち上げるのをあきらめる人もいます。しかし、実はここからがスタートだともいえます。やるべきことは方向転換です。当初の顧客想定から離れて、自社の商品やサービスの強みを活かせる別の市場やビジネスモデルの検討を開始します。

顧客の課題を解決する商品やサービスであれば、価格競争に巻き込まれることなく、顧客から選ばれる商材となります。その商材を提供する企業は、顧客が最初に声をかけたくなる企業、いわゆるファーストコールカンパニーになる可能性が高まります。その取り組みがニーズにヒットしていればいるほど、また競合他社が真似できないものであればあるほど、利益を生むものとなります。

理念やビジョンに沿って顧客ニーズに応える商品・サービス開発の方向性を示すのは、もちろん経営者です。しかし経営者だけではゴールまで到達することはできないのもまた事実です。経営者の発想に現場の視点から肉付けして、より顧客の満足度を高める商品コンセプトへとブラッシュアップしていく。その工程を担うのは、製造や販売の現場を良く知る貴社の人材に他なりません。だからこそ、社員の貴社に対するマインドポジションを上げておく必要があります。

何度も繰り返しますが、マインドポジション経営の目的は、貴社に対するマインドポジションの高い社員が自律的に顧客のマインドポジションを向上する施策に取り組み、その成果から達成感を得て、さらに顧客の喜びを追求するサイクルを創り出すことです。顧客と社員の高いマインドポジションを循環させることで、継続的に利益を生み出せる組織へと変化を促します。

次章では、マインドポジション経営を実践するK社の事例を紹介します。

第2章

マインドポジション経営で新たな存在感を確立したK社の事例

K社との出会いと意外な成果

地方都市に位置するK社は従業員が約一〇〇名、自動車部品を製造する中小企業です。自動車部品を製造する企業は、大手メーカーの系列に属して下請けの仕事をするケースが多いのですが、K社の場合は現社長就任時に方針を改め、自社技術をもとにどこの系列にも属さない独立系の道を歩むことを決めました。

その道が平たんではなかったことは、当時を振り返る社長の言葉の端々からもうかがえます。

私がK社に初めて伺ったのは、もう十年以上も前になります。少し年季が入っていましたが、隅々まで掃除の行き届いたオフィスの一角で、現在の取締役S氏の話を伺ったのを昨日のことのように覚えています。

当時のK社は、独立系の部品加工メーカーとして自分たちに誇りを持てる仕事をしようと動き始めたばかりでした。私に打ち明けていただいたのは、まず人材採用の課題、そして独自技術を魅力的に見せる切り口をどうするかという相談でした。

K社のような中小の製造業が人材採用に苦労をする様子は、他社でもたくさん見てきました。自動車や家電製品などの最終製品を製造しているメーカーならまだしも、それらの製造に不可欠な部品を製造する中小企業は、たいてい人材採用、特に新卒採用に苦労をします。なぜなら採用対象となる学生への知名度が圧倒的に低いからです。

そうした中でもなんとかして優秀な人材を採用したいという強い想いを聞き、解決策を検討。採用コンセプトを決め、ホームページや各種メディアへの露出の仕方を議論しながら採用活動を進めていきました。外に向けた情報発信に統一感が出てきた成果として、採用の応募者が増加してきました。

その取り組みがひと段落したあたりで次にS氏から提示されたのは、社員の気持ちを揃え、一丸となって独自の道を切り開くための意識統一の課題でした。独立系で行くと決めたからには、他には真似のできない優位性のある技術を磨き上げ、顧客の要望に高いレベルで応えていかなければなりません。

同業他社では断るような難易度の高い仕事が持ち掛けられます。時に無理難題とも言えるような要望も舞い込んできます。

たとえそれがK社よりも力のある会社からのオーダーであっても、対等な立場で仕事をしたい。独立系だからこそそのプライドにふさわしい実力を磨いていくためには、気持ちを一つにして取り組んでいく必要がありました。
社長のもと、ほとんどの社員は「なんとなく」自分たちの想いに共通のものがあることはわかっていました。それを体系化し「クレド」という形で全社員の共通言語にしたいというのがS氏をはじめとするK社の経営層の願いと感じました。

クレドの策定には一年ほどかかりました。一番時間がかかったのは、自分たちの想いを言葉に落とし込むところです。他から借りてきた言葉ではなく、K社社員の想いを映し出し、なおかつ彼らを勇気づけるものであってほしい。クレドの策定を支援した私にも強い想いがありました。

人材採用と会社のPRの強化、そしてクレドの策定と矢継ぎ早に実施してきたK社ですが、画期的な成果が出たのは、意外なことに人材採用、それも当初期待していた新卒採用ではなく経験者採用の分野でした。業界経験のある転職者が次々と入社してきた結果、K社の事業は新しい展開を迎えることになります。

トレードオフを解消する技術

K社の経験者採用における成果の話にうつる前に、K社の独自技術について触れたいと思います。

自動車メーカーの系列に属さず独立系で行くと決断したK社には長年研究を続けてきた技術がありました。その技術は社長の意向に賛同した現技術取締役のM氏が、自社技術の延長線上で必ず将来の主流になるとにらみ、地道に研究を重ねていたものでした。この技術があったからこそK社は独自路線を歩むことができたともいえます。

K社にとって非常にラッキーだったのはこの技術が、自動車の軽量化・低燃費化と高剛性・安全性の実現というトレードオフの解消に役立つものであったことです。ここ数年にわかに脚光を浴び始めてきた「脱炭素」のトレンドにタイミングよく合致したのです。

今や私たちの生活に不可欠な存在となった自動車は、走るたびに二酸化炭素を排出するため、環境負荷の大きさを否定することはできません。だからといって環境負荷の低い代替策があるかというと、それも簡単ではない話です。

したがって、現在の利便性や安全性を維持したまま、もっと環境負荷の低い乗り物に変えていくことは、自動車産業全体の共通課題といえるのです。そのために解決すべき必須のテーマの一つが、車体の軽量化と、乗る人の安全性につながる車体の高剛性の両立です。

一般的に、車体の軽量性と安全性は両立が難しいと考えられます。車体を軽くしようとすれば、使用する材料の板厚を薄くする必要があり、板厚が薄くなれば、万一の事故の際に車上のドライバーや同乗者の安全性が脅かされます。つまり、車体の軽量化と安全性は、あちら立てればこちら立たぬのトレードオフの関係と思われてきたのです。

K社の独自技術は、このトレードオフを解消する有力候補として注目されることになりました。実はK社規模の中小企業でこうした独自の技術を追求しているケースは非常に珍しく、既存の取引先にも高く評価されて売上の拡大に貢献していました。

さらにこれまで営業エリアとしていなかった地域で開催された展示会に出展すると、業界誌やオンラインニュースで取り上げられることになり、K社の社長、社員すらその反響の大きさに驚くことになります。

ここに一人の立役者がいました。経験者採用でK社に入社した業界キャリア20年以上の大ベテランN氏です。同業他社で重要な役職を担ったあとK社に入社したN氏の目には、

K社の取り組みや設備は宝の山に見えたといいます。

N氏が入社する前からK社の技術は既存の取引先に高く評価されていました。しかし、それ以外の市場の開拓に踏み出すには人材とノウハウが不足していました。そこに現れたN氏の力添えによりK社の新市場開拓は急速に軌道に乗り始めます。

新規市場からの評価の高さを肌で感じたK社の社員は、改めて自社技術の優位性に気づきます。業界における自分たちの存在意義を見直すことになったのです。そして自分たちの技術を最も欲しがっている顧客、すなわちK社に対するマインドポジションの高い顧客を再定義し、自社の優位性を伝える情報発信の機会を最大限に活かすことにしました。

「リ・ブランディング」つまりは会社のイメージを再構築する活動を本格化したい――この段階でS氏から再び支援の要請を受けた私は、久しぶりにK社の門をくぐることになります。

会社のあり方を評価する転職者の役割と動機

先述のようにN氏の入社によってK社の営業活動は加速していきます。既存取引先以外に向けても営業の機会を次々とつくり、技術力を伝えていきました。

K社の強みは、机上で検討した技術を試作で実現できるばかりか、量産工程でも安定生産に持ち込むことのできる製造現場の強さにあります。この強みは、脱下請けを決意した時からK社が追求してきたものでしたが、自動車業界のトレードオフを解消する独自技術が脚光を浴びるようになってから、顧客のマインドポジションをさらに引き上げる要因ともなりました。どの顧客も、試作ではなく量産で、確実な性能を発揮する技術力を欲しており、その点においてK社の優位性は群を抜いていたからです。

業界経験のある第三者の視点によって、従来事業の再定義を行い、マインドポジションの高い顧客層を拡大したK社。実はK社にはここ数年で業界経験のある転職者が20名以上入社して、技術力と生産能力の一層の強化に貢献しています。ここで注目したいのは、なぜ、業界経験のある転職者がここまでの人数、集中してK社に入社したか、です。

同業他社から転職してきた社員に話を聞くと、K社のビジョンに共感するとともに「この会社のクレドに惹かれた」という回答が返ってきます。先述のように、K社のクレドはもともと社員のK社に対するマインドポジションを上げるツールとしてつくられたものです。同時に、その影響は経験者採用にも及んでいました。転職先の候補としてK社を念頭に置く人に、「K社のような会社で働きたい」という気持ちを起こさせたのです。

そこには転職者特有の事情がありました。転職を考える人は、現在の職場に何らかの不満を抱いています。その不満の多くは人間関係の問題や、自分の能力を活かせる機会の不在、あるいは待遇面や会社の将来に対する不安などが占めています。転職者は働いた経験があるからこそ、比較対象を持っています。つまりは、今いるところよりもっと働きやすいか、自分が成長できる場があるかといった視点で転職先を探すことになります。

K社のクレドは、こうした転職者の期待に応えるものでした。「この会社なら自分の力が活かせる、成長できる、という気持ちが湧き上がってきた」と転職者の一人は言います。

さらにもう一つ、クレドを行動のガイドラインとして働く既存の社員と直接触れた転職者は、素直で一生懸命な社員の人柄と働き方に驚きます。こうして社員のK社に対するマインドポジションの高さは、新しく仲間になった転職者にも伝播していくことになったのです。

K社の事例から学ぶこと

第一章で、会社に対するマインドポジションの高い社員が自律的に顧客のマインドポジションを上げる取り組みを行い、その結果、会社の業績に好影響を与えるサイクルをつくりましょうという提案をしました。K社の事例をこのサイクルに当てはめると次のように説明することができます。

まず、「どこのメーカー系列にも属さず独立系でいこう」という社長の決断がありました。社員のマインドポジションを高くするには、その会社で働く意義を明確にし、適切な役割を与える必要があります。K社で働く意義は、自分たちの力で顧客の期待に応えることの醍醐味、その過程で生じる社員同士の一体感、そして自分が成長しているという実感です。それが「独立系でいこう」という社長の決断から生まれてきていました。

そして、社長に賛同する社員が日常業務のかたわらK社独自の技術を追求していきました。独立系でいくならば、他の企業が持っていない独自性、優位性のある技術や商品・サービスを育てていかなければなりません。K社は顧客の要望に応えながら、その中核技術を育てていきました。これがK社に対する顧客のマインドポジション拡大の第1ステージです。

同時期に、社員の一体感をつくるためのクレドの策定を進めました。経営者の意思を反映した経営理念と、ボトムアップで策定したクレドを連携して、社員の働く姿勢を整えていきました。このクレドが社員の意識統一に役立つと同時に、人材採用、特に即戦力となる経験者の採用に好影響を及ぼしました。ここから、K社のマインドポジション経営は次のステージに入っていきます。

業種業界にかかわらず、人材不足は深刻な問題です。K社にとってみても、独自技術を育て、量産体制で実現していくプロセスで、多くの専門人材を必要としていました。

会社が成長していくときに、即戦力としての転職人材は、のどから手が出るほど欲しい存在です。ところが転職者を受け入れる際に起こりがちな問題があります。

それは、前職と新しい職場との文化の違いに起因するものです。

前職の仕事のやり方、考え方、手順が染みついている転職者が、貴社の職場に入ってきた時に、ちょっとした混乱が起こった、という経験はないでしょうか。

会社が違えば、「当たり前」の程度も異なります。私も経験がありますが、ある仕事の担当者であれば当然やっているべきはずの業務がいつまでも完了しない。理由を尋ねると、転職者側からは「それは自分の仕事ではない」という答えが返ってくるといった具合です。働くことの前提となる価値観やルールが異なっているのです。

K社は自社のクレドをホームページで公開していました。転職希望者はその内容を見て、K社の価値観を理解し、「それならば自分もそこで働いてみたい」と行動を起こしました。K社の側も採用面談の際には、経営理念やクレドの意図を説明し、相手の価値観とのすり合わせに努めていきました。

加えて長年、人材採用を担当してきたS氏が、一人ひとりの転職者に対して、K社において期待する役割や働き方を丁寧に説明し、入社後のイメージを具体的に共有していきました。転職者を受け入れる職場に起こりがちな認識のギャップを最小化し、転職者のマインドポジションを高める努力を地道に続けました。

こうした努力の結果、ここ数年で20名以上の転職者を同業他社などから受け入れることになったわけです。この転職者の視点がK社の既存事業を再定義し、新規顧客のマインドポジションを拡大する第2ステージへと導くことになった経緯は先述の通りです。

事業の再定義に必要な第三者の視点

かつての日本の職場は、終身雇用・年功序列の慣習を背景に、同質性が保たれていました。前提を共有しているから、細かな説明をしなくても「アウンの呼吸」で仕事ができました。しかも経済が成長過程にありましたので、過去と同じことを繰り返しても業績の成長は見込めた、まさに古き良き時代でした。

反面、同質性の高い組織には、負の側面もあります。その一つは思考のパターンが固定化するということです。組織を構成する誰が考えても、同じ結論しか出てこないということです。

同じ環境で同じ方向性の意思決定を長期間にわたって繰り返していれば、無理もない話です。そして、それは安定した環境下では意思決定のスピードアップに貢献しますから、一概に悪いこととはいえません。

何か新しいことに取り組もうというたびに、一から全員で議論をしていては、同じようなことを考える他者に出し抜かれることにもなりかねません。ですから、思考のパターンの同質化は、特定の環境下では、競争力に貢献することになります。

ところが経営環境が複雑になり、将来の見通しがきかなくなり始めると、単一の思考パターンはデメリットを見せ始めます。「押してダメなら引いてみる」的な、思考の転換が難しいからです。

「この状況は突破できない」と全員が思うと、それは厚い壁のように目の前に立ちふさがり、ほんの少しの発想の転換で突破口が見つかる可能性があっても、その可能性自体を放棄してしまうことになりがちです。

こんなとき、他社で経験を積んだ第三者が介在すると、従来とは異なる新しい視点が提供されます。「押してダメなら引いてみる、引いてもダメなら回してみる」のような、ちょっと違った考え方や方法が投げかけられます。その結果、思考の同質化がもたらす弊害を乗り越えることができるようになります。それが刺激になって、もともといた社員のなかにも「その手があったか！」と膝を打つような新しい視点が芽生えます。思考の固定化からの脱却です。

K社の場合もN氏をはじめとする業界経験のある転職者がK社の独自技術を再評価し、さらに広い市場で闘うための推進力となりました。私にとって驚きでもあったのは、このような転職者の意見を尊重し、新規市場の開拓に全面的に協力をしたK社の既存社員たちの柔軟性の高さです。

一般的に考えれば、新参者である転職者の意見に耳を傾け、会社の将来に影響を与えるような手段に打って出ることには多少の戸惑いが生じます。既存社員にとってみれば、これまでのやり方を否定されたような感覚に陥り、無駄な混乱を招くような事態になってもおかしくありません。

ところが、K社の場合は、N氏をはじめとする転職者の意見や行動を全面的に応援する体制がとられました。その理由は、会社の理念や行動指針がきちんと浸透していたことにあるでしょう。加えて転職者側にも、K社の理念や行動指針に対するリスペクトがあったことは言うまでもありません。

多様性とイノベーションの関係とは

ダイバーシティ（多様性）という言葉が市民権を得てきました。社員全員が日本人という大方の中小企業では「何がダイバーシティに当たるのか？」と疑問に思われる方もおられるかもしれません。

実は、日本の中小企業でも、かなり前からダイバーシティは進んでいます。

数年前から話題になった「男性の育児休暇取得」についても、積極的にとる人、パートナーから言われて仕方なくとる人、絶対とらない人など、対応はさまざま。自己啓発についても、自腹を切ってでもキャリアアップを図るべく勉強を重ねる人もいれば、会社から言われてやっと重い腰を上げる人もいます。

同じ日本人のなかにもいろいろな想いやスタンスで仕事をする人が増えている。これこそが、まさに多様性、つまりダイバーシティです。

そして、多様性はイノベーションを生むという報告もいろいろなところで目にするようになりました。

多様性がイノベーションを生む理由の1つ目は、さまざまな視点から物事を見ることができるからでしょう。そして2つ目は、多様な視点が刺激しあって、第3、第4の視点が生まれるからです。

同一の視点や思考パターンでは、同じような問題に対して大体同じような回答しか導き出せません。対して多様な視点や思考パターンを介在させると、一つの問題にさまざまな角度から光が当てられる結果、思いもよらない回答が出てくる可能性が高まります。それは、多数の鏡をランダムにおいた箱の外部から光を当て、縦横無尽に反射する光が思いがけない方向へと飛び出していくのを見るようなものです。

多様性とイノベーションの関係には、もうひとつの側面があります。それは、良くも悪くも「革新」を生むということです。要するに、生まれてくる新しい何かは、すごく良いものである可能性もあるし、箸にも棒にもかからない、役立たずのアイデアである可能性もあるということです。

このとき大切なのは、その両方を許容するということです。できれば、面白がって許容する。そうしないと、誰もが「すごく良いもの」だけを生み出そうとするあまり、思考に制限がかかってしまうからです。

ビギナーズラックという言葉があります。スポーツでも宝くじでもパチンコでも何でもそうですが、初めてやってみたという人に、とんでもない幸運が降ってくることがあります。ルールも周囲の状況もよくわからないなかで、無心に取り組んだ結果、ラッキーがやってきます。

ここに勝つとか儲けるとかいう邪心が入った途端に、ラッキーが去ってしまったという経験はないでしょうか。もちろん勝つためには「勝つ」という強い意志は必要ですが、その意志がかえって行動の自由を奪い、冴えない結果をもたらしてしまうことがあります。

つまり「すごく良いもの」だけを生み出そうとすると、その思考が足かせになって、結果として、すごく良いものも、すごく悪いものも生まれてこないということになりがち、ということです。

話を元に戻すと、多様な視点のぶつかり合いを、問題の解決や新しいものの創造に使おうというのであれば、文字通り自由な発想を許容することが大前提となります。そして、そのためには、「オープンな場づくり」という人為的な働きかけが必要となります。

K社に見る「場づくり」のメカニズム

組織における「場づくり」の大切さは、以前から指摘されています。それが広範に言われるようになったのは、かの有名なグーグルによる「プロジェクトアリストテレス」の成果が報告されたあたりからと記憶しています。

「プロジェクトアリストテレス」とは、生産性の高いチームの特徴を明らかにした調査のことです。多くの人が同じ経験をしたことがあるのではないかと思います。上司や環境が変わると同じ人でも成果の出方が大きく違う。その根本原因の筆頭に示されたのが、「心理的安全性」です。

その場所にいて、自分が責められたり、バカにされたりしないで、安心して素顔の自分を出せるかどうか、その人のありのままの状態でいられるかどうかを指して「心理的安全性」という言葉が使われています。そして、「心理的安全性」が高い職場ほど、構成メンバーのパフォーマンスは高くなるという結果が報告されています。

つまり、仕事の成果を大きくしたいのであれば、職場の「心理的安全性」を高くすればよい、というのが一つの結論なのです。

では、どのようにすれば「心理的安全性」は高くなるのでしょうか。K社の場合は意図せずして巧みな方法がとられていました。それは、常識を超えた高いゴールの設定です。高いゴールを設定し、その実現に向けてトップからはっぱを掛けられれば、全社員協力体制で知恵を絞るしかありません。

人材育成の文脈で「ストレッチゴール」という言葉が出てくることがあります。人材の能力を伸ばすためには、その人の能力を少し超えたレベルのゴールを提示して、挑戦させるのがよいというものです。ゴールは低すぎても高すぎてもいけません。達成意欲を失わせるからです。したがって、少し高いゴール設定が、人材育成に適しているということは、比較的常識と捉えられてきました。

ところが、K社の場合は、「超」がつくほどのストレッチゴールが提示されます。そして「あなたたちなら、やれないはずはない」と大きな期待が社長から寄せられます。「独立系」を決断したときから並たいていの技術力では勝ち抜けないことを、社長は強く意識していたからです。期待を寄せられたら社員はやる気にならざるを得ません。そしてゴールを目指して、誰もが当事者として意見を出し合います。知恵を出し合ってやるしかないのです。

この様子を指して、「まるで学園祭をやっているよう」と外部から評価されたこともありました。誰もが経験のある「学園祭」です。クラスやチームごとにゴールと期日が決まっていて、そこに向かう手段を皆で考える。そこには上下関係も重責もなく、ワイワイやる楽しさがあります。それができるのも経営者の確固たる覚悟があるからです。

社員の一人から「社長は厳しいことを言うけれど、最後は責任をとってくれるという安心感がある」という言葉が出てきました。経営者と社員との間の信頼関係が、社員の心に占めるK社の割合、つまりはマインドポジションの向上に役立っていることがよくわかります。

今や世界的自動車メーカーとなったホンダの創業期、創業者の本田宗一郎は社員を集めてワイワイガヤガヤと話をする「ワイガヤ」をよくやっていたといわれます。

目の前の課題を解決したり、将来の夢を共有したりするために行われたこうした「場」は、社員の意識をそろえるのに役立つとともに、心理的に安全な場の創出にも役立っていたはずです。そして、こうした居心地の良い場で素顔の自分が認められるという経験は、場に対する信頼性、つまりは会社に対する社員のマインドポジション向上に役立つはずなのです。

新たな悩みと進むべき道筋

顧客の再定義によるマインドポジションの拡大に向かい、業界経験者という心強い社員を多数迎えたK社は第2成長期ともいえる時代に入りました。順調に事業が成長する反面、新しい課題も顕在化してきました。それが、新しく新卒で入社してくる若手社員と上の世代との意識のギャップです。

どんな会社でも成長期に差し掛かると、急速に増える社員と古参の社員との間に意識のギャップが生まれます。K社でも社長の主導のもと困難な時期をともに乗り越えてきた古参社員は、クレドの効果もあって同じ方向に向かいアウンの呼吸で進む方法を身につけていました。

ところが、その後入社した社員、特に他社の経験がなく新卒で入社してきた若手社員との意識のズレが次第に問題となってきたのです。

上の世代ほど社長と近しい関係でもなく、他社で働いた経験もないために、現在の自分たちの働き方が好ましいのか、好ましくないのかの判断がつかない。そのうえ、上の世代には理解しがたい行動パターンを持つ新世代の若手たち。

この社員たちといかに意識を合わせ、K社のゴールを目指していくか。つまりは新しく入った社員たちのK社に対するマインドポジションをどう上げていくかが次の課題になりました。

2015年を境に日本の人材管理は方向転換をしたといわれています。ハラスメント行為が法律によって禁止されたことなどをきっかけに上司は部下に対して厳しい教育的態度をとることが難しくなりました。

複数の企業で矢継ぎ早にハラスメントの申し立てが起こり、若手社員が簡単に退職してしまう事例が相次いだ結果、多くの企業で若手社員が「腫れ物に触るように」扱われるようになったともいわれています。

いつの時代も新しく登場した世代に対して上の世代は新しい名前を付け、対処の方法に悩んできました。古くは「しらけ世代」、最近では「さとり世代」など、理解できない行動や考え方を象徴する言葉を冠しながらも、どうすれば会社の一員として活躍してくれるのか考えあぐねてきたのです。

人口が増加し、人材の交代も容易な時代であれば問題はありません。しかし、生産年齢人口が減っていくばかりの日本の、しかも中小企業においては、いったん採用試験に合格して入社した社員にはできるだけ活躍の場を提供し、会社の成長とともに成長してほしいというのが、企業側の切なる願いです。

K社では事業の再定義により新しいブランドスローガンを掲げた機会を活かして、若手社員を視野に入れた新しい活動を開始しました。理念やクレドの意図を若手の社員に改めて伝えるインナーブランディングの活動に着手したのです。それは社員が会社に対して抱く意識や期待を今一度見直す活動でした。

意外にもこの活動は若手社員だけでなく、中堅、トップ層にも影響を及ぼしました。そして、K社のあり方をもう一度見直し、一体感をもって自分たちらしい働き方を追求しようという活動へと発展していくことになりました。

そのプロセスを支援させていただく中で、私自身もK社社員のあり方や業務に向かう姿勢が、短期間で変わっていく様子を目の当たりにすることになりました。

最も目覚ましい成果を見せたのは、若手社員の意識の変化でした。

それまで、直属の上司のもと受け身で仕事をするのに慣れ、そのやり方から抜け出ることができなかった彼らが、ほんの数カ月でチームを率いるリーダーとしての自覚を持ち、会社の発展のために自分たちの組織をどのように変えていくべきか検討を始めたのです。

その様子はまるで何らかの理由で固く閉じられていた箱のふたが突然開き、彼らがもともと持っていた能力が一気に花開いてきたようでした。

対外的な営業活動と社内に向けた意思統一を同時に行うことで、優れた人材の採用、社員同士のコミュニケーションの活発化、そして新規顧客の獲得という3つの成果を出しつつあるK社。

結果として、年率2ケタ増に迫る売上の拡大が視野に入っています。

ここまで読まれた方のなかには、「K社だからできたのではないか？」と思われる方もおられるかもしれません。

そこで、次章からは、商品・サービスの再定義、人材採用、組織開発の各面において、どの会社にも適用可能な普遍的な方法論や考え方を中心に説明を進めていきます。

第3章

事業開発面から見たマインドポジション向上策
—事業の魅力を引き出し、強化する—

事業再定義の大前提

この章では事業の再定義により顧客のマインドポジションを上げ、売上・利益の拡大を目指す方法について見ていきます。

第2章で見てきたように、K社では長年培ってきた独自技術に、同業他社から転職してきたベテラン社員の視点で光を当て、事業の再定義をしました。その定義に基づき、既存取引先以外にも市場のチャンスがあることを確信し、全社を巻き込んで動き始めました。今まで視野に入っていなかった顧客のマインドポジションを上げる可能性があることに気づいたわけです。

マインドポジション経営とは、顧客の心に占める貴社の位置づけを上げ、ファーストコールカンパニーになることで業績拡大を目指していくものです。そして、その起点には社員の心に占める貴社の位置づけを上げていく活動がある、というのは何度も申し上げている通りです。ここでは、このうち顧客の心に占める貴社の位置づけ、つまりは顧客のマインドポジションをどのように上げていくかについて考えていきます。

まず大切なのは、貴社の強みの認識です。

商品・サービスを再定義するといっても、まったく新しいものを考案したり創造したりするのではありません。商品・サービスの再定義によって、貴社の独自性を一層際立たせるのが目的ですから、貴社が長年培ってきた強み、独自性、差別化に貢献する要素を再度洗い出してみる必要があります。

ＳＷＯＴ分析などの手法を使って、既に何度も分析をしている方もおられるでしょう。そして、毎回、あまり代わり映えのしない結果になると思っておられる経営者の方もおられるかもしれません。私も、何かの折りにＳＷＯＴ分析の話になり、クライアントから「何回やっても同じ結論しかでない」と言われたことがあります。同じ環境、同じメンバーで繰り返しやってみても、はっとするような画期的なアイデア生まれてきにくいものです。

そういう場合は、ぜひ第三者の視点を入れてみてください。K社で見てきたN氏のように競合他社との比較対照できる人がいれば理想的です。インターンシップの学生など、全く先入観のない人を仲間に入れて行うケースもあります。私たちのようなコンサルタントも、過去に関わった数多くの企業の事例を踏まえ、客観的な第三者の視点で貴社の強みや独自性を引き出すことができます。

その時に大切なのは、貴社が何を目指しているか、どういう企業でありたいかという視点です。起業したばかりの方は、起業動機も大切です。

これらの理念やビジョン、動機などは、貴社の強みを、これからどのような方向に生かすべきかを考えるときのガイドラインとなります。逆にこうしたガイドラインがないと、無限にある選択肢から最適な選択をすることができません。

事例で見るビジョンと事業のバリエーション

パン屋の例で考えてみましょう。未明から起きだしてパンを焼き、一般の人が朝ご飯を食べる頃には、良い香りがするおいしそうなパンが焼きあがっている――。

パン屋は今や人気業種ですが、どういったビジョンや理念をもって経営するかによって、提供する商品やサービスが異なってきます。

たとえば、長い海外経験で味わった外国のパンの味に感動して、この味を日本の人にも味わってほしいとパン屋を始めた方がいました。この方の理念は、「本場のパンの味をより多くの日本人に味わってもらうことで、パンを食べるという感動を提供したい」でした。提供するパンは海外で主食となる食事パンが中心で、従来のパンに飽き足らない顧客に好まれています。

別のパン屋のオーナーは、たまたま農家の男性と結婚した女性で、食べられることなく廃棄される野菜や果物の多さに胸を痛めたことがきっかけで事業に取り組み始めました。彼女の理念は、「棄てられるものから価値を見出し、お客さんに喜んでもらえる味を提供する」です。商品の展開は、未利用野菜や果物を使った総菜パンやデザートなど。フードロスや安全な食材に対する意識を高める活動にも関わり、この方面に関心のある顧客がリピート購入しています。

また別のパン屋を見てみると、バターやクリームをふんだんに使ったスイーツ系のパンが多数並んでいます。このオーナーの起業動機は「スイーツとしてのパンの可能性を提案したい」です。小さな子どものいる家庭や隠れスイーツファンの男性などが主な顧客となっています。

このように同じパン屋でも、理念や動機が異なれば、事業の展開も異なります。

アップルの創業者であるスティーブ・ジョブズは、「何をしないか決めることは、何をするか決めることと同じくらい重要だ」と言っています。

アイデアが豊富な経営者はいろいろな方面に手を広げ、事業の拡大を図ります。打った手がすべて成功するとは限らないので、できるだけ多くの手を打ったほうが良いのは確かです。ところが、そこに理念やビジョンといったガイドラインがないまま続けていくと、マイナス面が目立つようになります。

マイナス面の第一は顧客から見た一貫性がなくなることです。どの分野に専門性があるかわからない会社に対して、顧客のマインドポジションを上げることはできません。何を頼んだら、プロとして信頼できる仕事をしてくれるのかわからないからです。

社内から見た一貫性のなさも問題です。「社長がまた新しいことを始めた」と諦めがちにつぶやく社員の声を私は何度か耳にしたことがあります。

新しいことを始めるなら確たる根拠を示さないと、社員も本腰を入れて取り組むことが難しくなります。朝令暮改の習慣が身についている会社では、社員は、様子見にならざるを得ず、会社に対するマインドポジションも下がります。

事業の一貫性が欠けると、別の面での弊害が現れます。それは、会社の資源を無駄づかいすることになるということです。

特に規模の小さな中小企業は、同じ顧客に異なる商材を売ったり、同じ材料を使って異なる商品を製造したりするなど、「一粒で二度も三度もおいしい」仕掛けをして、相乗効果の働く選択をすべきです。


以上のような観点から、理念やビジョンの整理とガイドラインとしての活用は、顧客と社員の貴社に対するマインドポジションを上げるうえで、また限りある貴社の経営資源を有効活用するうえでも重要であることを覚えておいていただきたいと思います。

既存顧客のマインドポジションを上げる

既存顧客のマインドポジションを上げるには、顧客の困りごと、悩みごとに寄り添うことが大切です。顧客のニーズは移り変わります。長年、貴社のサービスを愛用していた顧客であっても、環境変化によって抱える悩みごとは変化します。

K社の例でも、地球温暖化問題に対処するために二酸化炭素排出量の削減が必須課題となった今の時代だからこそ、顧客が心から欲しいと願う技術となり、その結果、追い風が吹いてきたという背景があります。

長年の取引関係に甘んじて、顧客の悩みや望みの変化に気づかないとしたら、危険な兆候です。長年の顧客であっても、悩みや問題は変わります。消費者であればライフスタイルや家族構成の変化によって求めるものが変わります。法人でも社会の変化やトップの意向、担当者の交代などによって、求めるものが変わります。

変わったときに、その変化を察知できるセンサーを用意しておく必要があります。社会や経済環境が急速に変化し、競合環境も厳しい昨今であればなおさら重要です。

あるデザイン会社では顧客のニーズが明らかにインターネットに向かっているにも関わらず、旧来のパンフレットやポスターなど紙を使ったツールの提案を続けていました。それでもコロナ禍以前は、お客様と直接接する機会もあり、折り込みチラシなども集客の手段として重宝されていましたので、それなりに需要がありました。

状況が一変したのは、コロナ禍です。非接触・非対面が当たり前になると、お客様との接点がリアルからオンラインに移行し、情報を伝える媒体もリアルからオンラインに急速に移行していきました。それに伴い、徐々に仕事が薄くなってきたのです。

その兆候はコロナ禍以前からありましたので、何らかの準備はしておけたはずです。しかし、このデザイン会社の場合は、デジタルに対する苦手意識もあったせいか、「どんなにインターネットが発達しても、紙媒体も残るに違いない」という一縷の望みを抱いて状況を傍観していました。

こうしている間にも新しい技術に対応した競合他社が顧客に営業攻勢をかけてきます。顧客の側も自社の事業展開を有利に進めるような提案に惹かれていきますから、旧来の取引はさらに薄くなっていきます。

「正常性バイアス」という言葉があります。自分にとって都合の悪い情報は無視したり、過小評価したりする心理のことを指しています。長年にわたって取引の続いてきた顧客であれば、状況が変わったとしても取引がなくなることはないはず。こういった都合の良い思い込みが、顧客の変化を見落とし、対応を遅らせる原因となります。

貴社に対する顧客のマインドポジションを上げ、取引の継続や拡大を通して顧客生涯価値を上げたいのであれば、「正常性バイアス」を超えて、顧客の変化に敏感になるべきです。そして顧客が望むものをつかみ、競合他社よりも秀でた水準で提供していく必要があります。

そのためには、顧客と接する最前線の社員の感度を上げる必要があります。そして、察知した情報を社内にフィードバックできる仕組みをつくる必要があります。

共通善を活用した顧客のマインドポジション向上策

顧客のマインドポジションを向上させる二つ目の方法は、「共通善」あるいは「公共善」と呼ばれる「社会全体のための善きこと」を活用するというものです。ポーターのCSV（共通価値の創造）と同じ主旨ですが、大切なのは、社会に提供する「善」と、利益を生む「ビジネス」を両立させる視点です。

近年、ビジネスの手法を用いた社会課題の解決策が数多く登場しています。リサイクル素材を使ったアパレル製品や、手帳、ボールペンといった文房具なども話題を呼んでいます。製造業では、省エネや原材料の変更による二酸化炭素排出量の削減や、水資源の有効活用による環境保護の取り組みが、取引上、重要になってきました。

こうした動きの背景には2つの理由があります。1つは、差し迫った「脱炭素」の課題です。日本は、2050年の「脱炭素」目標を掲げて、次々と手を打ち始めています。国の中小企業支援施策には、「脱炭素」をはかる企業に優先的に資金を配分する意向が明確に示されています。

「脱炭素」以外に、「リサイクル・アップサイクル」や「DX（デジタルトランスフォーメーション)」も重要なテーマです。いずれも、地球と私たちの社会、そして企業活動を持続可能にするために不可欠な施策です。そして、これらのテーマに積極的に取り組む企業に対して、消費者や顧客の賛同が集まりやすくなっているのです。

「アップサイクル」という言葉を知っている人を対象としたあるインターネット調査によると、リサイクル・アップサイクル品とバージン素材を使った商品を比べて、「どちらを購入するか?」と尋ねたところ、「同じ値段であれば、リサイクル・アップサイクル品を買う」と答えた割合が「バージン素材品を買う」と答えた人よりも多いという結果が報告されています。今後、社会課題に敏感な若年層が消費の中核を担うようになると、価格よりも環境負荷の低さや社会貢献度の高さを優先して商品を選択する人の割合が増える可能性もあります。

従って、「共通善」や「公共善」の活用により、商品・サービスに付加価値を添える意義が高くなってくることが予想されるわけです。これが顧客のマインドポジション向上に結びつく2つ目の理由です。

同じ業界内であれば、提供する商品やサービスにさほど大きな差がなくなっているのが現在です。であれば、商品・サービスの背景にあるストーリーの豊かさが購買動機を掘り起こします。競合他社よりも高めの価格設定でも、納得感をもって買ってもらえる可能性が高まります。

このとき、注意点が一つあります。これはＣＳＲやＳＤＧｓといった活動に関わってきた立場から言えることなのですが、たとえ社会課題を解決する商品やサービスであっても、他の製品と比べて品質が劣っていたり、顧客が求める機能が不十分であったりすれば、買ってはもらえないということです。

私は地域おこし活動の一環として、地元の食材を使った特産品を開発する事例にも多数関わってきました。当事者は何とかして魅力ある商品を開発しようと努力するのですが、商品に魅力がなかったり、品質が今一つだったりする商品は、たとえ地域に貢献するという看板のもとであっても、顧客の心をつかむことはできません。

要するに、商品・サービスとしての一定水準以上の品質や顧客ニーズへの対応がなければ、共通善に貢献するストーリーを付け加えたとしても空振りに終わる恐れがあるということです。忘れてはいけないのは、マーケティングの基本である「お客様は誰か」「何を求めているか」という視点です。この視点が抜けてしまうと、共通善の実現と利益の確保を両立させることができません。

あらためて「お客様は誰か」

私が支援させていただく対象には起業家の方もおられます。昨今は「夢をかなえる起業」という言い方が広まっているために、なかには少々勘違いをして起業をしてしまう方が見受けられます。事業を行うということは、夢をかなえることとイコールではありません。

商品・サービスは、法人、個人問わず、お客様の悩みや問題を解決するものでなければ買ってもらえず、したがってビジネスにはならないのです。

長年経営者をやられている方にこんなお話をしても、「釈迦に説法」でしょう。しかし、「顧客の視点」が抜けたまま事業を始めてしまい、数年を待たずに、とん挫する例がいくつもあるのも事実です。

では「顧客の視点」とは何でしょうか。どうすれば、顧客の気持ちに寄り添えるのでしょうか。

ベンチャー企業を支援する田所雅之氏は伝説のプレゼンテーション「起業の科学」のなかで、起業をするなら「自分の困りごとか、周りの身近な人の困りごと」をネタにするのが一番良いと言っています。

そうしたネタであれば、当事者として悩みの詳細や深部がわかっていますので、顧客にとってかゆいところに手が届く、つまりは市場性のある事業に育てることができる、という主張です。

三人称の「顧客」ではなく、一人称の「顧客」、つまり当事者意識をもって顧客の気持ちになりきることが大切なのです。

こうするためには、視点の転換が必要です。なぜなら、売り手と買い手は、本来、相対する関係だからです。商品・サービスを提供し、代わりにお金をいただくという関係だからです。

売り手が買い手の意識を持とうとすると、「売る」より、買い手の気持ちに「共感する」ことを優先しなければなりません。相手の視点に立って、こちらの商品を眺めてみる必要があるわけです。

自分の売ろうとしている商品は、相手の問題や悩みを解決するのかどうか。相手はどのくらい強く、この商材を欲しいと思ってくれているのか。顧客がそれを明確に言葉で表現することは稀です。こちらから積極的に相手の話を聞き、悩みや課題の解決策をつくり上げていく必要があります。

ある美容師は独立して自分の美容院を始めるにあたって、半年間は売上を一切見ないことにしました。

独立前は比較的大きな美容院で店長を務め、日々、売上のチェックに追われていたといいます。こうした仕事のなかで、「お客様を人としてではなく、お金を稼ぐ道具のように考える仕事のやり方がイヤになった」といいます。それが独立に踏み切る最大の動機となりました。

この店では、まず顧客満足を徹底的に追求することにしました。店の構えも高級感と清潔感を重視し、完全予約制で顧客を待たせない体制を整えました。価格は他の美容院より3～5割増しです。それでも来てくれるお客様だけに誠心誠意サービスをしようと決めたのです。この価格設定であれば人件費も十分に確保できます。

美容院に行く客、特に女性客は、髪を切ったり染めたりする以外に楽しみがあります。シャンプーで頭を洗ってもらったり、マッサージしてもらったりする楽しみ。店のスタッフと会話をすることを楽しみにしている客もいます。これらの顧客が期待する楽しみを視野に入れ、美容院として持つべき基本機能に加えて提供をすることにしました。

集客はホームページとＬＩＮＥでの情報発信だけでしたが、顧客のマインドポジションが高くなった結果、大多数の顧客がリピートし、口コミで新規顧客の獲得にも成功しました。

ＢｔｏＢのビジネスをされている企業の場合は、少し事情が違います。営業の局面で会う相手は消費者ではなくクライアント企業の経営者、あるいは窓口の担当者となるからです。

事業者相手のビジネスの場合は、商品・サービスの品質以外にさまざまな要素を考慮に入れて、顧客の満足度つまりはマインドポジションを上げていく必要があります。

製造業であれば、Ｑ（品質）Ｃ（コスト）Ｄ（納期）の要望をいかに満たすかが基本です。設計変更や数量の変更に対する対応力、顧客の課題解決に役立つ提案力なども、顧客のマインドポジションを上げるうえで必須の項目といえます。こうした観点から自社が現在どのような状況にあるか、一度チェックしてみる必要があります。

顧客への感度を育てる組織戦略

貴社に対する顧客のマインドポジションを上げるためには、顧客の変化を察知して社内にフィードバックする仕組みが必要と書きました。仕組みという言葉からの連想で、ＳＦＡ（セールスフォースオートメーション）などのＩＴを導入して情報共有を効率化するという方法をお考えになる方もおられるかもしれません。

国を挙げてＤＸ（デジタルトランスフォーメーション）を推進している昨今ですから、無理もない話です。しかし、ＩＴの導入を考える前に、貴社の人材が、どのようなスタンスで仕事をしているかを再度確認してみた方が良いかもしれません。

ある会社では営業先の情報を共有する簡易的なシステムを導入しました。ところが、入力される内容は、どこに訪問したとか、誰と会ったとかいう行動履歴のみで、客先からどんな情報を入手したか、どんな提案が求められて、どんな行動をとったといった情報が一向に入力されません。

理由を探ってみたところ、意外なことがわかりました。

それは営業担当者のスキルが低くて顧客の動向が聞き取れていないということではなく、

営業担当者自身が、自分の情報を公開し、上司や同僚と共有することを嫌がっているということだったのです。

背景には、営業担当者の評価制度がありました。個々の営業担当者に目標数字が与えられており、その数字を達成するかどうかで賞与査定が決まります。営業のトップランナーは自分が苦労して培ったノウハウを他の人に教えたくないのです。だから情報共有の仕組みができても、十分に活用されませんでした。

顧客の変化や求めるものを見つけて、社内にフィードバックし、いち早く対策を打ったり、成功事例を共有して全体の底上げを図ったりするためには、協力し合う風土が必要です。性急にシステムを導入してイレモノだけつくっても、活用されないのであれば、宝の持ち腐れです。まずは使いたくなるように思考を促す意識面の仕掛けをしていく必要があります。

顧客のマインドポジションを上げるためには、社員のマインドポジションを上げる必要があると再三書いているのですが、その理由の一つがここにあります。貴社に対して信頼感を持っていない社員、すなわちマインドポジションの低い社員は、自分のノウハウを会社に公開しません。後進を育成することもせず、自分の成果、自分のキャリア、自分の成長だけが関心ごとになりがちです。

その成長意欲は賞賛すべきものではありますが、会社の成長と一体となっていない限り、スタンドプレーにしかなりません。

これからの時代は知恵を共有し合い、チームワークで課題を解決して、組織の持続可能性を担保していく時代です。その理由や背景の詳細は第5章で説明します。ここでは、顧客に寄り添い、そのマインドポジションを上げていくためには、貴社の社員のマインドセット、つまりは心の構え方を変えていく必要があるという点を指摘しておきます。

再定義のあとにやるべき二つのこと

顧客のマインドポジションを上げるために商品・サービスの再定義をしたら、次にやるべきことは二つあります。

一つ目は再定義したコンセプトを顧客にわかる形で言語化し、伝えていくことです。つまりは新たなブランディングを明確に行っていくということです。

二つ目は再定義したコンセプトを象徴するような商品・サービスを創ることです。具体例を通して、新しいブランディングのコンセプトを顧客にわかりやすく伝えることです。

一つ目のブランディングから見ていきましょう。この場合は、ブランドの再定義ですから「リブランディング」すなわち既存ブランドの再構築となります。

商品・サービスの再定義により、顧客ターゲットや競争環境における貴社のポジションは変化しているはずです。まずはそれを、事業ドメインやポジショニングマップなど既存のフレームワークを使って整理します。

事業ドメインとは、事業を「顧客」「顧客機能」「技術」の三軸で整理することを言います。つまり、「誰に」「何を」「どのように」提供するかを整理するということです。事業の再定義で三軸のいずれかが変化しているはずですから、どこが変化しているかを明確にします。

第二章のK社の例でいえば、「顧客」すなわち「誰に」の部分が既存取引先から新規技術を欲する他の業界へと拡大しました。また「技術」すなわち「どのように」の部分は、「新規取引先のニーズに対応するK社固有技術のカスタマイズ」などの表現ができます。

競合他社との比較において差別化要素を明確にしたいのであれば、ポジショニングマップ（左ページ参照）が役に立ちます。

ポジショニングマップとは、縦軸と横軸に異なる特性やテイスト、機能などを配置したマトリクス（4象限）をつくり、自社の競争優位が発揮できる領域を視覚的に示すものです。

K社の例でいえば、縦軸に「業界の幅が広い／狭い」、横軸に「量産志向／試作志向」をとり、「業界の幅が広く」「量産志向」という領域で独自のポジションをとっていることを示すことができます。

これらのフレームワークを活用し自社の競争優位が発揮できる独自領域を明確にしたら、次はこの優位性を言語化します。簡単に言うとキャッチフレーズを作るということです。

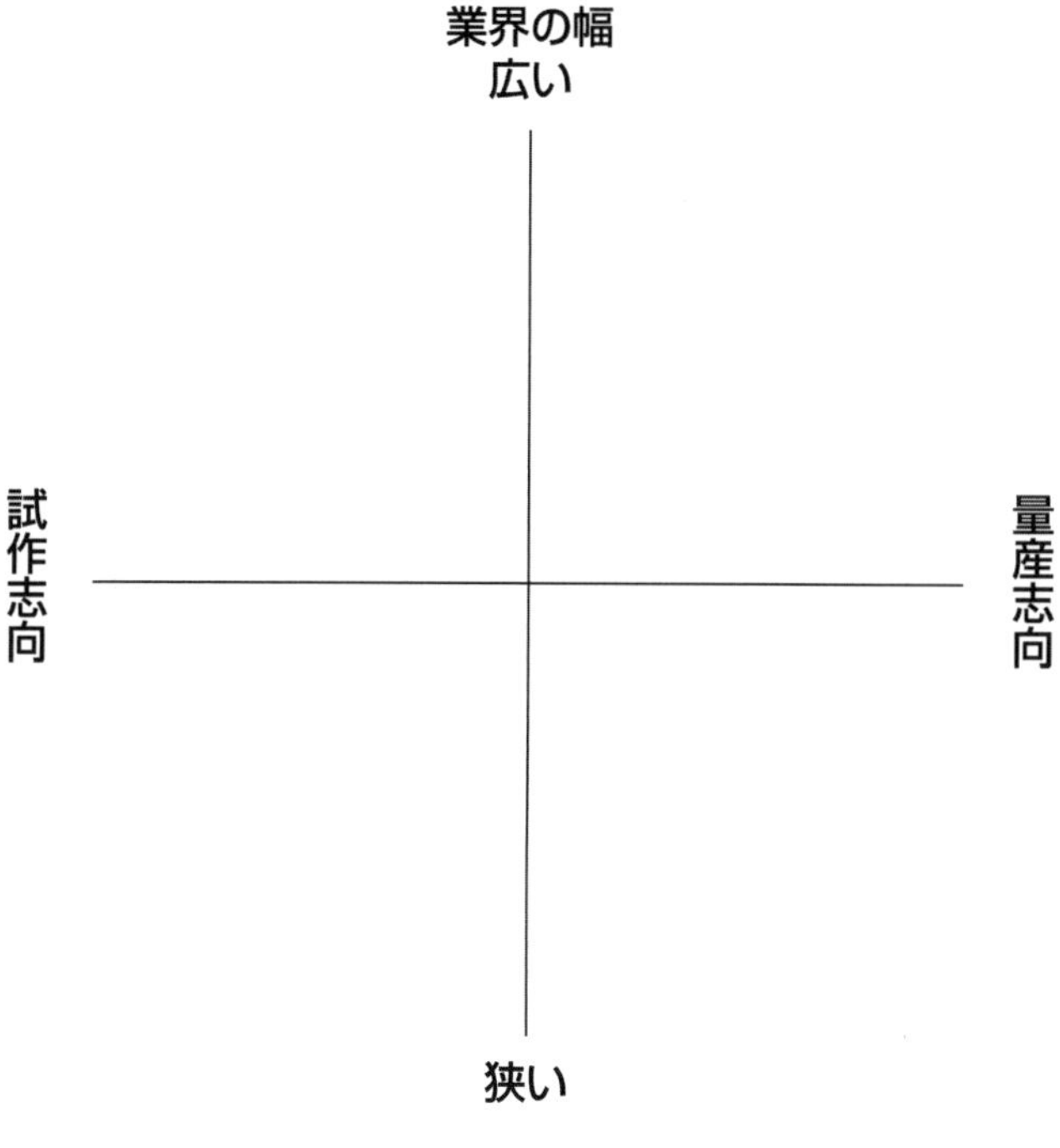
業界の幅
広い
試作志向
量産志向
狭い

ブランディングという言葉の語源は「牛の焼印」です。元をたどれば、家畜の所有者が誰か分かるようにしていたもので、そこから派生して、商品の品質を保証するためのシンボルを表すようになりました。シンボルが情報を伝えるうえで優れている点は、複雑な説明や長い文章を使わなくても一目で品質やおいしさを表すことができることです。

その前提として、特定の焼印すなわちシンボルが、おいしさや品質の象徴であることが買い手側に伝わっていなければなりません。

そこで必要になるのが、優位性すなわちブランドコンセプトをわかりやすく表現する短い言葉、つまりはキャッチフレーズの存在です。

K社の場合、従来は「技術力に優れた部品加工メーカー」という言葉で自社の優位性を表現していました。ポジショニングマップなどのフレームワークを使って業界における自社のポジションを再検討した結果、「試作から量産まで一気通貫する環境対応技術のリーディングカンパニー」というコンセプトが自社の現状にフィットするという結論になりました。このコンセプトを使って、ホームページや展示会等一連の広報活動を実施し、自社の優位性を浸透させていくこととしたわけです。

商品・サービスの生まれ変わりを演出する

再定義をしたあとにやるべき二つ目は、新しいコンセプトを体現する商品やサービスを創ることです。すでに新しいコンセプトを体現する商品・サービスがあるようなら、それらをもとに検討していく方法もあります。既存商品・サービスに従来とは異なる方向から光を当てることでコンセプトとの整合性を示すことも可能です。実際のところ時間も人員も限りがある中小企業においては、既にあるものを最大限活かすことを優先的に考えたいものです。

先に、商品・サービスの再定義をする際には、まず自社の理念や強みの再確認をしてほしいとお伝えしたのも、ここに理由があります。市場のニーズをやみくもに追随して新しいものをゼロから立ち上げる必要はありません。今現在、保有している資源を掘り起こして新しい角度、第三者の視点から光を当てることで、同じ商品・サービスが思わぬ転身を遂げる例は多数あります。

ある中小製造業は、長年の取引先が労働コストの安い海外へ下請け業務の移転を始めたのがきっかけで事業の先行きに危機感を覚え、自力で新規顧客を開拓することにしました。といっても新しい技術に取り組む時間的余裕も人材も不足しています。そこで始めたのが、自社が保有する技術の棚卸しです。先に書いたように、自社の強みや優位性を、現状のまま言語化することにしたのです。

これらをもとに新しい社会の動きを反映したブランドコンセプトを定め、ターゲットを設定してプロモーション活動を開始。結果、これまでに想像しなかった業界から引き合いがあり、その後の業績の立て直しに貢献することになりました。

K社の例でいえば、長年にわたって研究を続けてきた技術が「脱炭素」の時代にフィットし、この角度から光を当てたことで一躍脚光を浴びることになりました。新しい顧客との取引が始まると、従来なかった課題やニーズが寄せられ、それらに丁寧に対応していくことで、さらに顧客のマインドポジションを上げていくという好循環を招くことになりました。

ブランディングのマインドポジション向上効果

ブランディングというとマークやロゴをつくることをイメージされる方もおられると思います。先にブランディングの語源は「牛の焼印」と書きましたが、そこからの連想で視覚的なイメージをつくることをブランディング活動と認識している方もおられます。この定義が残念な点は、デザインに関心のない経営者にとって、ブランディングの意義が感じられにくくなるということです。

本書で目指すブランディングの目的は、顧客や社員など企業のステークホルダーと呼ばれる人たちの心に占める貴社の割合、すなわちマインドポジションを上げていくことです。マインドポジションが上がればリピート購入や客単価の向上も期待でき、業績に好影響を与えます。

もともとブランディング戦略には、貴社の商品・サービスに対する顧客のマインドポジションを上げることで、顧客のファン化を図り、利益を最大化するという意味合いが含まれています。その道具として、マークやロゴなどのデザインやキャッチフレーズ、ブランドスローガンなどを用います。

「ブランディングはどのようにやるのですか？」とお尋ねいただくことがあると、私は『コンセプト』『シンボル』『コミュニケーション』の3つのプロセスを、一貫性を持ってやることです」と答えます。

『コンセプト』は、顧客やニーズの特定とそれに呼応する貴社の商品・サービスの中心的な概念や価値を創出すること。

『シンボル』は、コンセプトを端的に表現するキャッチフレーズやマークなどを作ること。

『コミュニケーション』はシンボルを利用しながら、それを補完する情報やイメージをコンテンツ化し、ターゲットに届くメディア（媒体）を使って伝えていく作業を指します。

これらを、一貫性を保ちながら行っていくのがブランディングの活動です。

ブランディングはデザイン活動だと思っている方は、最も重要な「コンセプト」の部分が抜けてしまうことがあります。

コンセプトが顧客のニーズに合致しているからこそ、顧客は「買う」と決めます。商品・サービスを使用した結果、顧客のニーズが満たされ、課題が解決されれば、購入の意思決定は正しかったということになります。

自らの意思決定の正しさを実感した顧客は、商品・サービスを提供した企業に対して信頼感を高めます。つまりはマインドポジションが上がり、リピート購入や口コミ発信源として新規顧客を招いてくれる大切なロイヤル顧客へと変わっていきます。

売り手と買い手の関係を変える

先に顧客ニーズの変化を察知するには、売り手と買い手の関係を、向き合う関係から共感する関係に変える必要があると書きました。ここでは、貴社に対するマインドポジションの高いロイヤル顧客を育成するための別の角度からのアプローチについて触れておきます。それは売り手と買い手の利害を一致させるアプローチです。

コーヒーメーカーのネスカフェはアンバサダー制度によって、ネスカフェコーヒーのロイヤル顧客を、「買い手」から「売り手」に変える絶妙な手を打っています。平たく言うと代理店制度ですが、代理店が顧客でもあり、商品に対する厚い信頼を持っている点が特徴的です。

趣味や嗜好性の高い商材を扱っている場合は同様の手段をとることができます。

若い女性が好みそうな指輪やスカーフを製造販売するある会社は、新製品が出れば必ず購入するという熱烈なファン層を組織化して、販売代理店として活用することを始めました。ブランドに対するロイヤリティの高い顧客が売り手となるわけですから、販売の際の説得にも力が入ります。販売額に応じて手数料も支払われますので、ファンにしてみればちょっとしたお小遣い稼ぎにもなります。ブランドコンセプトが確立されていて、企業側からの市場に対する情報発信が適切にされていれば、ファンである代理店の販売活動を後方から支援することになります。ファン層が抱くこの会社へのマインドポジションはさらに上がります。

コロナ禍で打撃を受けた飲食店を救済しようと、テイクアウトのお弁当やデリバリーを利用した方も多いのではないでしょうか。これも買い手と売り手の関係が、向き合う関係から共感する関係に変化した例といえます。買い手は商品を購入するという行為を通して売り手を応援する立場になり、単なる買い手という枠を超えた関係性を売り手との間に築いていています。

マインドポジションが上がるということは、売り手と買い手の関係が変わるということです。商品・サービスとお金を交換して終わりではなく、その時点から新しい関係が始まるともいえます。貴社に恵みをもたらす顧客との新しい関係を築くうえでも、顧客のマインドポジションを上げる意義は非常に大きいものです。

第4章

人材採用面から見たマインドポジション向上策
―人材の共感を呼び、ミスマッチを防ぐ―

中小企業の採用活動で持つべき視点

この章ではマインドポジション経営と人材採用の関係について説明していきます。

多くの中小企業では人材採用、特に新卒採用に課題を抱えています。人口が減少する日本では、若手人材の確保は年々難しくなるばかりです。

日本の人口予測を見ると２０５０年には1億１９２万人にまで減少するといわれ、同じ年の高齢人口は37・７％、対して生産年齢人口は51・８％となると予測されており、高齢人口と生産年齢人口の差は徐々に縮まりつつあります。

２０１５年と２０５０年を比較すると、65歳以上の高齢者は４５０万人増加、対して15歳から64歳までの生産年齢人口は２４５０万人減少、14歳以下の若年人口は約５００万人減少すると予測されており、若手人材の採用は人口数からいっても、益々難しくなります。

若年人口が減少し、採用対象のパイが減る一方、量より質を重視した採用活動を行う企業が増加しています。「何人採用できたか」よりも「当社で活躍する人の採用ができたか」が重視されるようになり、中小企業の社長や人事担当者は二重の苦労を強いられている状況です。

「良い人が採れない」
「説明会を開いても、これといった人材が来ない」
「面接に来た人材を見ても、光るものがない」

こんな声があちこちから聞こえてきます。とはいえ、いつの時代も意気揚々と新しいことに取り組む若者はいます。

たとえば、社会課題の解決を目指す団体では、高校生や大学生が自分たちの身近な課題の解決のために新しいビジネスをつくり出そうと大人を巻き込んで奮闘しています。とあるＩＴ系の大学では、起業サークルに所属する学生たちが、次世代の○○テックを生み出そうと日夜議論を重ねています。

ここまで明確な意思を持っていないまでも、自分の経験を活かして何かを始めたいという若者もいて、私は何人ものそういう若者たちに会ってきました。

こうした経験から言えることは、「良い人」がいないわけではなく、企業側が求める人材と応募する学生側に「ミスマッチ」が起こっているということです。

新卒学生と経験者採用では少し事情が違いますので、まず、新卒採用を中心に話を進めます。

新卒採用における中小企業のハンデは明らかに知名度の低さにあります。

第2章で紹介したK社のように、ＢｔｏＢの製造業、しかも消費者の目に付くような最終製品をつくっているのではなく、大企業のパートナーとして特定の技術領域を担う中小企業は、知名度という点では大きなハンデを背負っています。

知名度が低いということは、学生の視点で見れば「知らないから応募できない」ということになり、さらには「知っていても、魅力を感じないから、応募しない」へとつながっていきます。

形勢をさらに悪くしているのは、インターネット上の採用媒体の存在です。いまや採用媒体に掲載しないことには、人材採用をしていないと思われるのも同然という時代。掲載しないことから生じるデメリットを避けるために、採用媒体に情報を掲載しているという企業も少なくありません。

インターネット上の採用媒体では、大企業も中小企業も同じデザインテンプレートのうえで採用情報を発信します。となると、社名がよく知られていて、メジャーな商品やサービスを提供しており、学生にとってわかりやすい情報発信が可能な大企業が圧倒的に有利です。さらには参画料金によって掲載の順位や情報量が変わってきます。資金力がある方に軍配が上がるのは明らかです。

その状況に一石を投じる形で、ＳＮＳを使った採用や社員の知人友人を応募に誘うリファラル採用といった新たな採用手法も登場しています。ところが、これらはあくまでも手法であって、人材採用に必要な本質的なところを押さえずに手法だけマネをすると、やはり求める人材の採用には到達できません。

では、人材採用活動に必要な本質的なところとは何でしょうか。

どこを押さえると中小企業の人材採用活動は有利に展開できるのでしょうか。

マインドポジション経営の観点から見ると、学生が企業に求めるものは何かという視点が重要です。

マーケティングの観点から考える採用活動

私はマーケティングや販売促進と人材採用や組織の両面から中小企業の支援をしてきました。そのなかで、いつも感じていたのは、新規の顧客開拓を目的としたプロモーション活動と、人材採用を目的としたリクルーティング活動には、同じ原理が通用するということです。

なぜなら、顧客も採用対象も同じ人間。だからこそ、同じ原理で動くと考えた方が自然だからです。

マーケティングでは顧客視点が大切と再三お伝えしてきました。同様に人材採用でいえば、対象となる新卒学生や転職希望者が何を求めて企業を探すのか、その点を見極めて活動をする必要があります。

インターネット上の採用媒体社のなかには、毎年「新卒学生意識調査」といった類いの調査結果を公開しているところがあります。そのなかによくあるのは、「エントリーの際、会社の何を重視しますか？」という質問です。

たとえば、あるネット媒体の意識調査は、学生の就職観として最も多かった回答が「楽しく働きたい」であったという報告をしています。それに続くのが「個人の生活と仕事を両立させたい」「人のためになる仕事をしたい」です。これらはマクロで見た、就職先に対する学生のニーズです。

私たちは人材採用活動を行うのに際して、自然と、会社と応募者の力関係を考えます。そして「お金」が介在する関係であると、「払う方」が「もらう方」よりも強い立場にあると考えがちです。それゆえに、企業側が学生側よりも強い立場にあると考え、その結果、企業側の都合を学生に押し付けることになってしまいがちです。

最近は慢性的な人材不足のなかで、この関係が逆転する傾向もありますが、基本的には雇う企業と雇われる人の力関係は、企業の方が強くなります。人材採用の面接をしたのち、相手方に対して断りのメッセージを先に送るのは、たいてい企業の側です。

ここにマーケティングの考え方を取り入れると、関係が逆転します。つまり、「企業」対「顧客」の関係であれば、「顧客」が優先されることになるのと同様に、「企業」対「応募者」の関係で「応募者」が優先されるということになります。

先にも書いたように、顧客であろうと採用対象者であろうと人間であることは変わりありません。その「人間」をこちらに振り向かそうとするのであれば、彼らが感じる貴社の位置づけ、つまりはマインドポジションを高くする必要があります。こちらがお金を払う側であっても、もらう側であっても、まず、その人が誰で、何をすればこちらに興味を持つかということを考えていくべきです。

つまりは、人材採用活動において、マーケティングと同様に

◆当社に応募してくるのにふさわしい人は誰か（＝ターゲット）
◆その人たちは当社にどんな期待を持っているか（＝ニーズ）

この2つの視点を持つべきということになります。

さらに、この2つの視点を掘り下げていくと、ことは「人材採用」の枠のなかでは収まり切らないことがわかってきます。

なぜなら「当社に応募してくるのにふさわしい人は誰か」を見極めるためには、会社の方向性や文化が明確になっている必要があるからです。また「その人たちはどんなニーズを持っているか」を見極めたら、それに呼応する仕事や文化や制度が、会社のなかにある

かどうかを再度検証してみる必要があるからです。もしなければ、時間をかけてつくっていく必要があります。

マインドポジションを上げることのメリットと具体策

人材採用活動においては、採用対象者が貴社に感じる心のつながりを強めていくことが、採用を成功させる近道です。

それは「この会社に入りたい」と思わせることです。

給与や待遇だけではなく、仕事のスタイルや今いる社員の状況などを総合的に判断して、「この会社に入れば、自分が成長できる」とか「居心地よく働ける」などのポジティブな感情を抱かせることです。では、採用ターゲットの貴社に対するマインドポジションを上げるにはどうすればよいのでしょうか。

まずは貴社が求める「人材像」を明確にすることが大切です。

「求める人材像」というものは、決して「挨拶がきちんとできる」とか「体育会系」とか「明るい人、声が大きな人」といった表面的なものではありません。

社会人としての最低限のモラルやコミュニケーションスキルは必要ですが、それに加えて、貴社の目指す方向にどのような人材が必要かという観点から検討をしていただきたいものです。

また会社のなかにはさまざまな役割がありますから、全員が同じキャラクターである必要もありません。

「船頭多くして船山に登る」ともいいます。リーダーが旗を上げて先頭を歩けば、あとに続いて具体的な策を実現していくフォロワーも必要です。全員がリーダーでは、物事は一向に進んでいきません。ですから、各論では一つの人材像に絞り込む必要もありません。

しかし、貴社の人材採用のコンセプトとして、包括的な「求める人材像」の表現は、ターゲット層への訴求力を上げ、欲しい人材とのマッチングを成功させるうえで不可欠な道具となります。

本来「求める人材像」は、貴社がこれから進んでいこうという方向性を実現するために不可欠な人材のイメージやパーソナリティの表現であるべきです。そして、求める人材のイメージやパーソナリティは、貴社がこれから進んでいく道が明確でないと描くことはできないものです。

つまり「求める人材像」を明確に表現するためには、貴社の方針がきちんと決まっていなければならないということになります。

こんなふうに「求める人材像」にこだわるのは、これが、貴社の採用ターゲットを的確に表現するものであるからです。

他方、「求める人材像」を設定するということは、採用対象者を「絞り込む」ということにもなります。この作業に抵抗を感じる声もよく聞きます。ターゲットを絞り込むということは、母数が減るということです。あり余るほどの応募数がある企業であれば別ですが、そうでない場合「絞り込み」は非常に怖い作業です。

最悪の場合、絞り込んだ挙句に応募者ゼロとなることもあり得ます。絞り込みによって、人事担当者に対する社長や上司からの評価が下がる恐れがあります。のどから手が出るほど新入社員が欲しい企業にとっては、痛手になる可能性もあります。

他方、先述のようにミスマッチを回避したいなら、ターゲットの絞り込みは必須です。母数の確保を狙うか、ミスマッチを回避するかは、なかなか悩ましい問題です。

この問題への解決方法は、二者択一で考えるのではなく、時間軸を長くとって検討するのが良さそうです。つまり、採用プロセスの進行に合わせて、だんだん、絞り込んでいきます。

最初は、間口を広くとって母数を確保し、プロセスの進行に合わせて、相手の様子を見ながら求める人材像に関わる情報を提供しつつ絞り込んでいくという方法をとります。

とはいえ、やはり、リスクはあるわけですから、絞り込みの作業は社長の責任においてやるべきと感じます。会社が目指す方向性もビジョンも戦略も、まだ言語化されていないものも含めてすべては社長の頭のなかにあります。

だからこそ、「求める人材像」の定義は社長でしかできません。

貴社に応募しようという人は、どんなニーズを持っているか

人材採用活動において重要な2つ目のポイントについて考えていきます。

貴社に応募しようという人たちは、どんなニーズを持っているか。

就職しようというのですから、お金が欲しいのは確かです。しかしながら、人はパンのみにて生くるわけではありません。やりがいも欲しいし、帰属意識も持っていたい。成長の機会を望む人もいるし、ワークライフバランスを重視する人もいます。自分のスキルアップを最優先する人もいれば、チャンスさえあれば起業したいと思っている人もいるかもしれません。

どんなニーズを持っている人が、貴社で働くのに適しているのかは、「求める人材像」で定義したターゲットのイメージと表裏の関係にあるものです。

たとえば、現在、地方で活動している企業が、独自のアイデアをもとに10年後には海外に市場を拡大しようとしているとします。こうした方針が明確であれば、求める人材像は、地方にとどまって安穏と暮らすよりも、海外を視野に入れて活躍してみたいという志向を持つ人となります。そして彼らのニーズを探ると、もうできあがってしまった大企業で働

くよりも、これから拡大発展する途上の企業でともに成長していきたいというものであったりするわけです。

　であれば、そうしたニーズに応えうる社内体制を整備していくか、既にある社内の取り組みのなかから、その方向性に合致するものを取り出して、採用対象者に対する情報として提供していく必要があります。

　新卒学生を一人採用するのに70万〜90万円のコストがかかると報告されています。他方、大卒新入社員の3割は3年で辞めるともいわれます。採用活動段階での見極めが重要である理由の一つです。その基軸となるコンセプトとして、採用対象者のニーズを踏まえた「求める人材像」が大切となります。

　求める人材像が明確になるということは、その前提となる会社のビジョンや戦略も明確になっているということです。先述のように、「求める人材像」は、会社のビジョンを実現するうえで必要な人材のスペックやパーソナリティを表現するものです。

　ですから、順番としては、ビジョン、戦略があり、そこから「求める人材像」が導き出されるべきでしょう。

ビジョンへの共感、それは数年後の自分の姿の投影

新卒学生の約8割が、就職先の選定にあたって、企業のビジョンを重視しているといわれます。若い世代ほど会社の将来のイメージに共感を覚える傾向が強く示されています。若い世代が会社の将来のイメージに関心を持つ理由は、そこに自分たちの将来の姿を投影するからです。この会社で働いて、目指す自分になれるのか、成長の機会は与えられるのか、幸せに働いている自分の姿を思い描くことができるか。その疑問に対する手がかりとなるのが、会社のビジョンです。

最近の若手社員と接していて感じるのは、良くも悪くも多様化しているということです。成長意欲が非常に高く、意に沿わない職場には早々に見切りをつける若者がいると思えば、仕事で活躍するより円満な家庭をつくって、ほどほどの給料をもらいながら平穏に暮らしたいと望みを語る若者もいます。

かつての学生たちは、採用面接では一様に意欲を語るよう指導されたものでしたが、現在では、非常に素直に本音を語る学生もいて、採用担当者を驚かせる場面もあると聞いています。

ダイバーシティの時代ですから、いろいろな応募者がいるのは当然のことといえます。さらには、多様性はイノベーションの可能性を高めますので、会社にとっては悪いことではありません。

考えておきたいのは、採用の段階で未来の社員の貴社に対するマインドポジションを高める仕掛けをしておきたいということです。

「家の近所だからこの会社を選んだ」とか「親が行けと言ったから入社を決めた」といった理由で入社をされると、何らかのトラブルが発生した時に簡単に心が折れて、辞めることにもなりかねません。採用をする段階で、将来の社員に何かフックを打ち込んでおきたい。その一つのアイテムがビジョンです。

では、これからますます多様化する人材に対して、等しく魅力的なビジョンとは、どんなものでしょうか。

持続可能性がキーワードとなった現在においては、地球環境や人類社会の存続に資するビジョンが効果的であると考えられます。自社の利益や現在の顧客だけにとどまることなく、社会全体の利益や会社に関わるすべてのステークホルダーを視野に入れた包括的なビジョンです。第3章で「共通善」や「公共善」と表現したものに相当します。

自社と社会の持続可能性に重点を置いた活動に注力する企業が、新卒学生の支持を集めて人材採用を有利に進めている例を、しばしば耳にするようになりました。

ある中小製造業では、持続可能性への貢献をビジョンに掲げて人材採用活動を開始しました。それまで一人も新卒者の採用ができなかったにもかかわらず、その年には数十名の学生が応募し、結果として10人以上を採用したといいます。

ＢｔｏＢの専門性の高い事業を展開されていて、それ以前の学生への知名度はほぼゼロ。おそらく事業の優位性を伝えても、ほとんど学生には理解できなかっただろうという会社です。

この会社の成功要因は、会社の経営理念から持続可能性の思想を踏まえて検討しなおした点にあります。一過性の流行で取り組むのではなく、長い目で社会に貢献しながら利益を確保し、社員にも還元していく姿勢が応募者に伝わったものと思われます。

ときに「ビジョンは変化しても良いのですか」という質問をいただくことがあります。いったん決めたものは未来永劫、変えてはならないと思っておられる方がいるからです。

この質問に対する答えは「イエス」です。ビジョンは変化してもかまいません。

なぜならビジョンには会社の意思を束ねる魅力がなければならないからです。時に、顧客を含む社外の関係者の意思を束ねる必要があります。時代に応じて人々の価値観が変化する以上は、魅力に感じるものも変わるはずです。だとしたら、ビジョンもそれに合わせて変わっていく方が自然です。

ビジョンは、ただ単に会社の将来像を示すだけでなく、会社に対する希望と働く意欲を引き出すもの、つまりは将来の社員の貴社に対するマインドポジションを高めるためのアイテムだからです。

新卒採用とキャリア採用への異なるアプローチ法

新卒採用とキャリア採用では、応募者の動機が異なります。よってマインドポジションを高める際のアプローチの仕方を若干変えていく必要があります。応募動機の違いは、社会人経験の多寡と業界知識の有無によるものです。若干手法的な話になりますが、説明をしていきます。

新卒採用の場合は、当然のことながら社会人経験がありません。アルバイトやボランティアの経験はあるかもしれませんが、会社のなかの一員として組織に組み込まれて働いた経験はほぼないでしょう。ですから、会社側から提示したいのは、どんなふうに会社で成長できるのか、どんな快適な環境で働けるかといった、就職後の自分のイメージです。等身大の自分の延長線上で、会社にいる自分を想像できるようにします。

そのときに大切になるのが、応募対象者のニーズや希望を踏まえてイメージを提示するということです。その時点では実現していないとしても、少し先の未来の「ありたい姿」であってもかまいません。

そのイメージが現状の会社方針の延長線上に確実にあるのであれば、応募者に対して「今はないが、ともにつくろう」と呼びかけをすることができます。これによって、「この会社に必要とされている」という意識を持ってもらうこともできます。

キャリア採用の場合も、未来の自分のイメージが想像できることは大切です。他社で働いた経験のある転職者の場合は、自身の経験のなかで比較対象を持っていますので、さらに具体的な訴求が可能です。

転職を考える人は、ほぼ全員が現状に不満を持っています。

「人間関係が悪い」「労働環境が悪い」「上司との折り合いが悪い」「一生懸命やっているわりに給料が低い」といった組織面やお金の面の不満があります。あるいは、「この会社に勤めていても自分の将来は明るくない」とか「会社の方針が明確でなく、コロコロ変わるので不安」といった会社運営に関わる不満や不安もあります。

いずれにせよ現在の職場という比較対象があるので、転職先に求めるものは、より具体的になります。働く環境は良好か、人間関係は悪くないか、ワークライフバランスは維持できるか、この会社に勤める自分の未来に希望が持てるか、など。

こうした疑問に対して、貴社の現状を踏まえて答えられるのであれば回答を提示します。転職希望者が満足するような答えの裏付けはないが、今後、整備していくのであれば、「一緒につくっていこう」と伝えるのが効果的です。このあたりは新卒採用と同じような対応が生きてきます。

大切なのは「嘘はつかない」ことです。でも、「今はない、でも将来は実現する」はありうる答えです。なぜなら、どんな会社もすべての応募者のニーズに応えることは不可能だからです。

さらに「将来の課題として認識している」という姿勢の表明であれば、むしろ好感を持たれると感じます。その要望が妥当であれば、「一緒につくっていこう」という言葉がけによって、応募者側に当事者意識が芽生えます。すなわち、応募者の心に占める貴社のマインドポジションが上がり、入社動機が固まっていきます。

中小企業は新卒採用に集中すべきか

私は、数多くの中小企業の採用活動を支援してきましたが、人材の多様化が進む今後は、特に中小企業が新卒採用にこだわる必要性は薄まってくるのではと感じています。先述のように大学新卒入社した社員が3年で3割辞める時代です。今後、この傾向はさらに強まっていくでしょう。ということは、第2新卒と言われる、ほぼ新卒、でも多少の社会人経験のある人たちが増えてくるということになります。

また、かつてはジョブホッピングと言われネガティブな印象をもたれた「転職」も、いまや普通のものになりつつあります。兼業・副業も当たり前になってくる時代のなかで、採用活動における新卒採用の位置づけは、ぐっと軽くなってくるはずです。

先に書いたように、知名度の低い中小企業が、社会人経験のない新卒学生を採用しようという活動には若干の無理があります。であれば、もっと幅広くターゲットをとらえた方が、採用活動自体がやりやすくなる可能性は高まります。

新卒採用にこだわる経営者や人事担当者の中には、大学生を新卒で採用できること自体をステータスと感じている方もおられます。他社の経験のない新入社員の方が、自社の社風に馴染みやすいというお考えもわかります。しかしながら第2章のK社の事例からもわかるように、そこにフォーカスするよりも、自社の社風や組織を整える方が、良い人材の採用にいたる近道であるともいえるのではないでしょうか。

　採用活動だけを見ると、新卒にせよ経験者にせよ、採用内定を出して、入社に至れば「終了」となります。ところが、採用した人材が活躍するかどうかの真価が問われるのは、入社後なのです。面接時に交わした応募者との約束が本当に果たせるかどうかの答えは、日々の仕事のなかにあります。

　もちろん、会社のなかで期待される役割をきちんと果たせるかどうかは、本人が持っている知識や努力、会社への適応度など、個人的な要因に左右されます。と同時に影響力を持つのは、組織のあり方です。

　入社時に高まった応募者のマインドポジションを維持し続けられるかどうかは、日々の仕事における人間関係や組織としての一体感、そして、仕事そのものから得られる有形、無形の報酬にかかってくるはずです。

　私の見る限り、多くの中小企業では、組織開発より人材採用を優先する傾向があります。

会社が成長していくと、人が足りなくなります。専門性も欲しくなります。そこですぐに考えるのは、人を増やすということです。ところが、採用した人に対して行うのは一通りの導入教育中心で、「あとはOJTでお願いします」とばかりに配属先に投げてしまうケースが多いように感じます。第2章で紹介したK社のようにクレドをつくって社員の意識を統一していこうと取り組む例は中小規模の企業ではまれです。

その結果、人材採用時のメッセージが社内に浸透することがなくなります。せっかく会社に対するマインドポジションが高い人材が入社しても、それに応えるものが職場に乏しいとなると、モチベーションが失われたり、離職に至ったりもしかねません。なかには上手に適応して、なんとか職場になじむ人もいるかもしれません。しかし、入社前に期待していた環境が用意されていないとなると、高いマインドポジションを維持できるかどうかは不確かです。

K社の場合が幸運だったのは、先に組織を整えるための活動を行い、クレドをつくっていたところにあります。そのうえで採用活動を行ったため、一貫性が担保できたのです。

採用前から入社後に至る筋の通った一貫したメッセージは強い印象を残します。採用活動を有利に進めるうえでも押さえておきたいポイントです。

マインドポジションを上げる人材採用の最重要ポイント

人材採用活動は、貴社の今後の発展に必要な人材を見つけ、貴社で働く動機を育成していくプロセスです。貴社の将来性やビジョンを伝えて共感を呼ぶとともに、相手のニーズに応えられるかどうかを検証していくプロセスでもあります。

会社と応募者は原則として対等な立場で互いに「選び」「選ばれる」関係です。もちろん相互が100％満足して、選び、選ばれることはありえません。人材のスペックが不足していることもあるでしょうし、会社が提示する待遇が応募者の期待を下回ることもあります。

だからこそ、会社と個人が共通の方向性・ビジョンを描けるかどうかが重要になってきます。

なぜなら、時間が経てば人材の能力は上がっていきますし、会社が付加価値の高い事業を展開すれば、社員の待遇が改善する可能性は高まります。とすると、基本的には同じ方向に向かって、ともに力を出せるかどうかがキモとなります。

第2章で紹介したK社の場合、人材採用ホームページや、セミナー、面接など応募者との接点にあるすべての場面で一貫したメッセージが発信されています。そのメッセージは、ビジョンや理念など会社の上位にある概念から、戦略や社員の働き方などの具体的な活動までを包括しています。

K社の人材採用セミナーや面接では、事業内容とあわせて必ず経営理念やクレドの詳細な説明をします。K社に入社を決める人は新卒、経験者にかかわらず、クレドに共感してK社に興味を持ち始めます。そして、クレドに記された言葉通りの仕事の仕方をしている社員の様子を見て、入社を決めます。

このように人材採用活動では、互いの期待を理解し合い、相互のマインドポジションを上げていくことに注力したいものです。

第5章

組織開発面から見た
マインドポジション向上策
—社員が自律的に動き出す仕組みづくり—

中小企業において見落とされがちな組織への視線

この章では、マインドポジション経営と中小企業の組織開発について説明していきます。組織開発におけるマインドポジション向上の対象は、すでにいる貴社の社員です。その目的は、貴社の業績向上とビジョンの実現に向けて、社員が自律的に動くようになることです。

中小企業の経営者に会社の課題を聞くと、売上・利益の課題と同じくらいの頻度で、社員のモチベーションの悩みが出てきます。いくら丁寧に教えても言った通りにやらないとか、仕事が遅くて上司がフォローしなければ進まないとか、どの部署に配属しても周りに溶け込めないといった声をよく聞きます。

とかく人に関わる悩みは尽きないものですが、その多くは、個々の社員のスキル不足や経験不足といったものが原因と考えられてきました。

技術が未熟だから仕事が遅い、経験が不足しているから失敗する、依存心が強いから上司が指示しないと動かない……などです。

それはその通りなのかもしれませんが、人の能力や仕事のパフォーマンスは、他人の期待通りにはいきません。

よって、不足分を埋めようと人材教育が施されるわけですが、その教育の中身も個人のスキルや仕事を処理する能力を上げることに終始してきたように感じます。

頑張った人は能力を伸ばし、会社のなかでも経験を重ねて、良いポジションを獲得していく。それは、学校時代の競争に打ち勝ってきた人には馴染みのある方法です。この傾向に拍車をかけたのが、目標管理制度などの個人主義的な人事施策だと記憶しています。

ところが行き過ぎた個人主義が組織に悪影響を与えたのも記憶に新しいところです。

例えばマネージャーがプレイヤーも兼ねる「プレイングマネージャー」は、大体の場合、プレイヤーとしての役割を優先して、部下をマネージする仕事を後回しにします。その結果、自分の成績は良いけれど、部下が育たないといった現象が起こりがちでした。

営業成績が抜群に良い社員は、自分が培ったノウハウを他人と共有することを嫌がります。他人とのコミュニケーションが苦手で自分の殻に閉じこもって仕事をするエンジニアの例も時々話題に上ります。多くの人が悩ましいと感じているにも関わらず、こうした現象は「仕方がないこと」として放置されることが多かったのです。

誰だって他人の人格や働き方を攻撃するのは嫌ですし、その人が与えられた仕事をきちんとこなしているのであれば、多少のことは大目に見た方が波風立ちません。

ただでさえ人手不足に悩む中小企業ですから、そんな思考が働くのも無理もありません。私も中小企業に長く勤めた経験から同じような思考をしていました。

しかし、ここ数年で、中小企業を取り巻く環境は大きく変わっています。社外を見れば、コロナ禍が象徴する前代未聞の環境変化が次々とやってきます。社内を見れば、人材不足が足元を脅かしています。数年前から始まった働き方改革も相まって、労働時間を減らし、付加価値の高い仕事へ移行する必要性はますます高まっています。

他方、苦労をして採用をした大学新卒の社員は、その3割が3年で辞めていくといわれる世の中です。その理由の大半は、職場の人間関係が悪いとか、仕事が自分に合っていないといった不満です。

こうした現実があるにもかかわらず、中小企業では職場の人間関係や、社員の働きやすさを重視した組織のあり方について、あまり深く考えられてこなかったように思います。つまり、組織や働く環境の観点から、貴社に対する社員のマインドポジションを上げるという発想はありませんでした。

理由の一つは、「組織」というものが漠然としていて、何にどう手を入れれば改善されるのかわからなかったこと。

もう一つは目の前の仕事を手っ取り早く処理して利益を上げるためには、人材に対するスキル教育や能力向上のトレーニングをする方が近道であると考えられてきたからです。

組織の成立条件が成立しにくいパラドクス

組織の古典的な定義の一つにチェスター・バーナードの定義があります。組織というと組織図を思い描く方が多いのですが、バーナードによる組織の定義は、複数の人が協力しあって働く「協働」の条件を示していて興味深いものがあります。

バーナードによると、複数の人の間に協働が生まれる、つまり組織が成立するために必要なのは、「共通の目的」「貢献意欲」「コミュニケーション」の3つです。会社組織でいえば、会社のビジョンが「共通の目的」であり、その目的達成に「貢献したいという意欲」によって仕事が進み、協働していくうえで必要な情報の共有を「コミュニケーション」が担うという形になります。

ところが、会社組織において、社員が「共通の目的」や「貢献意欲」を正しく持つためには工夫が必要です。会社のビジョンは多くの場合、創業者の想いに根差していたり、経営者が考えたりしたもので、会社の構成メンバーである社員の人生の目的やビジョンと接点を持つことはあまりないからです。

第4章で人材採用について触れましたが、採用段階でビジョンを周知していれば問題は小さくできます。少なくとも社員は会社のビジョンを頭では理解していますし、うまくいけば、会社と社員個人のビジョンとのすり合わせもできています。しかし、そうでない場合は、社員が「共通の目的」を持つために、ある程度の手間をかける必要があります。

バーナードが言う2つ目の「貢献意欲」についても同じことがいえます。会社に入り、個別最適化された部署で長く働き続けると、貢献の対象が自分の仕事や所属する部門などの狭い範囲にとどまるようになります。

設計の担当者は設計部門が最も効率的に動くように考え、経理部門の担当者は経理部門が問題なく仕事をこなすことを最優先するようになります。極端な場合、個人の単位で仕事をソツなくこなすことが最優先となることさえあります。

するると、全社的な貢献意欲を持つことが難しくなり、最悪の場合、利害関係が異なる他の部門や人との対立に至ります。

営業部門と開発部門の対立、設計部門と製造部門の対立など、まさにあるある状態です。部門のタコツボから抜け出し外の世界を見る必要がありますが、その必要性も重要性も理解されません。

「中の人」には「外の世界」を見る必要がないのです。この視野の狭い状態が、全体最適の答えを見つける機会を損なっていることは間違いありません。社内に解決不能問題があるとしたら、そのいくつかはほぼ確実に、このような個別最適状態から生まれています。

たとえば、営業が苦労してとってきた仕事の納期が間に合わないとき。納期を間に合わせるためには、製造部門が残業をしないといけないけれど、働き方改革で残業は全社的にNG。どうすれば良いのか。営業がせっかくとってきた仕事を断るしかないのか……。

こんな状況は営業部門だけでも製造部門だけでも解決しません。両者が知恵を絞って解決の道を探る必要があります。

営業部門から人を出して製造を支援するとか、製造部門ができる限り頑張って実現可能な納期を営業に伝え、営業はそれをもって客先に交渉にいくといったアイデアが必要です。

両者が部門の枠を超えて、相互の資源をやりとりしながら問題を解決しようとすれば、一見、解決不能に見える問題であったとしても、解決への道を見つけることができるはずです。

解決不能問題を解決に導くシステム思考とメンタルモデル

ピーター・M・センゲの『学習する組織』には、組織が環境から学び、進化し続けるうえで大切な5つのディシプリン（要素）があると書かれています。その筆頭に掲げられているのが「システム思考」です。

「システム思考」というと、システムという言葉からの連想でITを思い浮かべる方もいるかもしれませんが、少し意味が違います。「システム思考」とは、問題の見えている一部分ではなく、全体の物事の連鎖を俯瞰して、最適な問題解決の方法を見つけ出そうという考え方です。

たとえば、コーヒー好きの人がコーヒーの飲みすぎで胃が痛くなったとします。当座しのぎで胃薬を飲んだところ、そのおかげで胃の痛みはやわらいだので、調子にのってさらにコーヒーを飲んだ挙句に、胃を壊してしまうような場合があります。

当座しのぎの対症療法は更に状況を悪化させ、物事はよからぬ方向へと進みます。全体の「システム」が見えていれば、対応方法は異なります。よからぬ方向へと物事が進行するのをストップさせる最も良い方法はコーヒーを飲むのをやめることだと気づくはずです。

前述の「納期が間に合わない新規受注」の例でいうと、納期が間に合わないオーダーを営業から受けた製造部門は、働き方改革ゆえに残業ができないという正当な理由を掲げて営業からのオーダーを断ることができます。

ところが製造の枠を超えた全社目線で見たとき、この無理なオーダーに応えることで、新しい顧客を喜ばせ、継続受注を勝ち取るといったシナリオを思い描くこともできるはずです。

営業からのオーダーを断る方が、製造部門の判断基準に基づく「個別最適」の例だとすれば、営業からのオーダーを受けて継続受注を勝ち取る方が、全社的視点に立つ「全社最適」の例です。

会社が利益を増やせば、まわりまわって自分たちにも報酬などの面でメリットがあります。こうした大きな視点で物事を見られるかどうかは、システム思考的に物事を考えられるかどうかにかかっています。さらには、システム思考的な考え方が受容される風土が培われていることが条件となります。

ピーター・M・センゲの『学習する組織』の5つのディシプリンはいずれも見過ごせない重要な要素なのですが、「システム思考」と同様に注目したいのが「メンタルモデル」です。

「メンタルモデル」とは、私たちが世の中を見るときに当たり前に持っている「前提」のことをいいます。玄関のカギは鍵穴に差し込んで回せば戸が開くとか、蛇口をひねれば水が出てくるとかいう常識のことです。カギを鍵穴に差し込んで回すと楽器のようにメロディーが流れるとか、水道の蛇口をひねればケチャップが出てくるなどといった突拍子もないメンタルモデルを持つ人はいないでしょう。

通常、メンタルモデルはかなり強固で、その存在に気づくこともないといわれています。ところが、コロナ禍で私たちはメンタルモデル、すなわち日常の「前提」が崩れる経験を頻繁にすることになりました。

たとえばリモートワーク。会社は社員が集まって協働するのが当然で、各自が自分の家で別々に仕事をするなど非現実的というのが、コロナ禍前のメンタルモデルでした。

ところが、感染のリスクを避けるためにリモートワークが推奨されると、不完全ながらもそのメリットに脚光が当たり、同じ場所を共有しなくても協働はできるとか、対人関係のストレスがないからかえって仕事がはかどるなどの思わぬ副産物を受け取ることになりました。

その結果、会社は一箇所に集まって仕事をすべきという「常識」が実は「常識」ではなかったことに気づいたわけです。

先述の納期に間に合わない新規受注の例でいえば、「営業は営業の仕事しかしてはいけない」や「部門を超えた支援は越権行為」といった考えもメンタルモデルの例です。

しかしながら、どんな方法を使ってでも納期に間に合わせなければならないとなれば、「営業は製造の仕事を手伝っても良い」とか「目的達成のためには越権行為もＯＫ」というふうに前提を覆す発想が出てきます。

こうした発想の転換ができれば、既存のメンタルモデルでは解決できなかった問題を解決することができます。

「システム思考」も「メンタルモデル」も、こうした考え方が組織のなかに浸透して初めて機能する概念です。従来のやり方とは異なる問題解決法となるため、理解して浸透するまでに時間がかかります。

しかし、貴社のなかにどうしても解決できない問題がある場合は、これらの考え方で取り組んでみてください。意外な突破口を開くことができるはずです。

関係性を改善する簡単な一歩とその成果

バーナードが唱えた組織の成立条件には、「共通目的」「貢献意欲」「コミュニケーション」の3つがあると書きました。このうち最後の「コミュニケーション」について触れます。スムーズなコミュニケーションは、協働を進めるうえでの情報共有を容易にします。そしてスムーズなコミュニケーションの前提には、良好な人間関係があります。

社員間で共有される情報には、オフィシャルな情報とパーソナルな情報があります。オフィシャルな情報とは、業務遂行の必要性から絶対に共有しなければいけない情報です。本日の生産目標数とか、売上金額とか、営業の客先回り予定などの情報です。社員の義務として伝えたり、報告したりすべき情報です。人間関係の良し悪しに関わらず共有すべきものです。

人間関係が悪いと共有しづらくなるのが、パーソナルな情報です。一人ひとりの悩みや家庭の事情、仕事への情熱、たわいもない個人的な話など。同僚とはいえ、心を許していない限り、共有するのが難しい情報です。こうした情報は業務遂行上、不可欠とは言い難いのですが、組織の生産性を上げるのに役立つといわれます。

働く人にウエアラブルセンサを装着してもらい、動きの活発度と幸福度、生産性などの関係を調査した矢野和男の書籍『データの見えざる手』は、コールセンターで働く人の「受注率」と休憩室での会話の「活発度」に相関関係があると報告しています。しかも休憩室で一緒に休憩をとる人の人数を増やすと、さらに受注率が上がると付け加えています。

休憩室でどんな会話がされていたかまではわかりませんが、「休憩室」という環境から、お茶を飲みながらのたわいもない会話、たとえば週末の旅行の計画や、近所に新しくできたカフェや、趣味の話などではないかと想像します。仕事と関係ない話を複数の同僚と一緒にすることで生産性が上がるというのは、大きな発見です。

ここで大切なのは、「休憩室」で語られた内容よりも、それによって何が起こったかということの方です。私の経験上からもいえるのは、仕事上のフォーマルな会話から一歩パーソナルな会話に踏み込むと、一緒に働く人のプライベートな面が垣間見えて、親近感が湧いてきます。つまり関係性が少し変わります。

たとえば仕事中は厳しい上司が、休憩室で話をするうちに同じ趣味を持っていることが分かって、親近感が湧くことがあります。普段は真面目でめったに無駄話をしない女性が、実は子育てに悩みを持っていることがわかり、同じ経験をしたことのある女性からアドバイスをもらって親しくなったなどということも起こります。
誰もが持つ仕事上の「仮面」を取り払った「素顔」が現れるのが「休憩室」で、そこで人と人との関係が少し変わり、それが仕事に好影響を及ぼすと思われます。
以前であれば男性同士のコミュニケーションに貢献した「タバコ部屋」もありました。排他的な側面に賛否両論ありますが、少なくとも非公式な場でありながら本音の会話が交わされ、仕事上の付き合いを超えた人間関係をつくるのに役立っていたはずです。

関係性の話に戻ると、有名なのがダニエル・キムの「組織の成功循環モデル」です。「関係の質」が変わると「思考の質」が変わり、「思考の質」が変わると「行動の質」が変わり、「行動の質」が変わると「結果の質」が変わる、つまり仕事上の成果が上がります。

ある会社で「休憩室」での会話のような機会を意図的につくり出したことがありました。そこでは仕事や会社について語られることがほぼなく、昨日見たテレビ番組が面白かったとか、次の週末はどこに行くとか、たわいもない会話ばかり。何回か続けるうちに、社員同士の関係が少し変わりました。それに応じるかのように、今までは報告するのに時間がかかっていたミスや、顧客からのクレームもすぐに上に伝わってくるようになりました。

組織の開発とか関係性の改善といったものには、即効性もなく正解もありません。ただいくつかの方法が提案され、実践を通してそれらの効果が証明されつつあります。やれるものから試してみるのが良いと思います。

こうした試みによって、社員一人ひとりが「この会社にいる意義」を感じ、モチベーションを上げていくことができれば、社員の心に占める貴社の位置づけ、すなわちマインドポジションが上がります。まずは貴社の社員であることの満足感を引き出し、そのうえで貴社への貢献意欲を培っていく必要があります。

中小企業におけるダイバーシティの進展と対策

多様性を意味する「ダイバーシティ」という言葉が、頻繁に聞かれるようになりました。日本の中小企業の社員はすべて日本人であることが多いため、「うちとは関係ない」と思われている社長も多いのではないでしょうか。

少し前までは、職場のマイノリティである女性をどのように活躍させるかという点に焦点が当てられていました。最近は、30代の女性の労働力率がガクンと落ちるM字カーブが解消されつつあります。出産・育児を理由に仕事から身を引く女性が少なくなっていることが一因です。企業が各種の制度を整備し、女性が働き続けられる環境を整備してきたことの成果です。

代わりに前面に登場してきたのがダイバーシティという言葉です。多様なバックグラウンド、多様な動機、多様な時間の制約をもって働く人たちに能力を発揮してもらうための考え方や方法が必要になっています。背景にあるのは、少子高齢化です。

中小企業の経営者からは人材採用に苦労しているという声を頻繁に聞きます。その理由の一つは、そもそもの労働人口が減っているということです。

本来は若手を採用して、自社の文化に合うように育て上げ、アウンの呼吸で仕事ができるようにしたいのに、その若手の絶対数が減っています。

だから、従来は「戦力外」と考えられていたシニアも育児期の女性も活躍してもらわなければ、会社の業務が回らないわけです。すると、さまざまな制約条件のもとで働く人が、同じ職場で一緒に働くようになります。当然、各々の事情に配慮した働き方の選択ができるようにする必要が生まれます。


小さい子どもを抱えた女性ばかりでなく、高齢の親を抱えた中年の管理職も、終業後に大学院に通いながらキャリアアップを目指す中堅社員も、同じ職場で働く必要が生まれます。育児休業制度や介護休業制度など目に見えるところの整備は進んでいます。でもそれだけでは、バラバラ感はなくなりません。

たとえば育児期の女性は時短勤務制度を使って夕方早くに仕事を切り上げ、保育園にお迎えに行きます。周囲が仕事をしているのに、「お先に失礼します」と堂々と職場を去るのには結構勇気がいります。勇気を出して職場を後にしてみても、同じ仕事に就くキャリア系の女性がどんなふうに思っているかが気になって仕方がありません。

働く動機や制約条件の違いによって生じる組織のバラバラ感を抑える第一の道具は、ビジョンや会社の理念です。こういった上位の概念を社員の共通言語とし、その意図するところを自分たちの体験のなかで理解すること。また個々の社員が人生に対して持つビジョンと会社のそれを紐付けていくことで、この会社で働く意義と理由を腹落ちできるようにすること。この2つを通して、全員の向かう方向を統一する方法をとることができます。

しかしながら、これだけでは時短勤務で早く帰る育児期の女性たちの後ろめたさや、親の介護のために休暇を取らざるを得ない管理職の焦りを拭い去ることはできません。もう一つ必要な道具は、社員個々が抱える背景を相互に理解し、必要であれば助け合うことを習慣化していく仕掛けです。

こういったことは、上から指示を出して社員にやらせようとしても、大方うまくいきません。組織のなかで影響力のある人が自ら実践していくのが間違いのない方法です。たとえば男性の育児休業を浸透させるために、経営層が率先して、育児休業を取得するといった取り組みがいくつかの会社で試されています。1カ月程度の育児休業であっても、その人の仕事を誰かが肩代わりしなければいけません。よって、業務内容の共有化が進みます。今まで個人の裁量内で処理されていた業務に客観的な視点から光が当たり、見直しや標準化の機会ともなります。

育児期の女性が多く働くコールセンターなどの部署では、業務の標準化と進捗状況の共有が自然になされています。そうしなければ、「保育園に預けた子どもが熱を出したから迎えにいかないといけない」といった突発的な事態に対処できないからです。つまり、働く人の多様化が進めば進むほど業務の標準化が進み、何かあったときも業務を止めることなく、つまりは顧客に迷惑をかけることなく仕事を進めることができるようになるはずなのです。

業績に貢献する組織づくりに向けてのコンセンサス

当然のことですが、会社は営利事業をして利益を生み出し、次の事業の発展のために投資をします。慈善事業ではないので、お金を生み出す意思と仕組みが必要です。経営者であれば当然意識しているところですが、多くの場合、社員との間に大きなギャップがあります。それは社長と社員の働く目的の違いを比べてみると明らかです。

社長の目的は多くの場合、利益の創出と会社の発展です。どんな経営者にも事業を始めた動機あるいは目的があり、そこを目指して力を尽くします。それは会社の理念とかビジョンという言葉で表現されています。その動機や目的を実現するためにはお金が必要です。だから、利益を生み出す事業を行います。そして、当初掲げた目的に向かって事業を発展させます。

利益は目的ではなく手段です。ですが、事業を進展させ、社長自身の満足感を高めるうえで重要な成果でもあります。

対して社員が重視するのは、自分の成長だったり、働きやすい人間関係だったり、自分がもらう給料の額だったりします。自分にとってのメリットを優先するので、会社の利益に関する意識は後回しになりがちです。もちろん会社が利益を上げて初めて、社員にも恩恵が回ってくるものです。しかし、その因果関係をきちんと肌感覚で理解できる社員はあまり多くはありません。

人は自分に直接、利益のあることに最も関心を持ちます。だから、社長と社員の認識の差は当然生まれてくるものです。

しかし会社がその目的を実現するための手段として利益を生み出そうとするならば、社員にもその利益を追求する意識を持ってもらう必要があります。そのためには、きちんと仕組みのなかで伝えていくことが不可欠です。

たとえば、ある会社では全社で利益目標を共有し、その数字と社員が受け取るボーナスの総額を関連付けて提示しています。あるいは月1回の経営会議に全社員が参加できるようにして、その時点でどの程度利益が出ているか、目標に対してどのくらい達成しているかといった情報を皆が共有できるようになっています。

なかには、利益目標を全く社員に示さないという会社もあります。利益目標を示すことで、社員が短期的な売上確保に走り、顧客に対して悪影響を及ぼすことを避けるためです。こういった会社でも、利益を生み出すために期待する行動指針は示しています。多くの場合、その行動指針は顧客満足の追求や社員間の協働を促すものであり、結果として利益を生み出す行動となっています。

いずれにせよ、経営者が向かう方向と社員が向かう方法をそろえるためには、目指すゴールや期待する行動を明示する必要があります。「社員であるからには、会社の期待をわかっていて当然」と思い、社員への説明を省いているとしたら、伝わっていなくても無理はありません。

社長は社長のメリットを優先し、社員は社員のメリットを優先します。誰もが、自分の利益を優先して考えるので、立場の違う社長と社員の間で意識のすり合わせをする、すなわちコンセンサスをつくり上げる作業は不可欠だといえます。そのコンセンサスとは、社長と社員に共通するメリットを生み出し、貴社に対する社員のマインドポジションを上げていくための合意事項なのです。

概念を捉えるのが苦手な社員への対策

先述のように、社員の意識をそろえ、会社が期待する行動をしてもらうように仕向けるために、会社の理念体系を整理し、浸透させるという手段をとることがよくあります。経営理念やビジョンがきちんと社員に腹落ちしていれば、社長が指示せずとも社員が自ら意思決定し、望ましい行動をとる際のガイドラインとして役に立ちます。

ところが、理念やビジョンといった抽象的な概念を捉えるのが苦手な社員がいることもまた事実です。「顧客満足を実現しよう」とか「仲間同士、助け合おう」といった言葉は理解できますが、これらの言葉が意図する具体的な行動がわからないのです。

大抵の人は、学んだことを実践に移すまでに時間がかかります。単なる情報としてインプットされたあと、自分がとるべき行動の指針として解釈しなおし、実際の行動に反映できるようになるまでには時間が必要です。自分の行動に反映させようという意識がなければ、単なる情報のまま頭のなかに置かれるだけでしょう。

こうした人に対して、とりうる方法は2つあります。

1つは、インプットした情報、つまりは理念やビジョンといった抽象的な概念を具体的な行動に結びつけて示すということ。可能であれば、その人が行動を起こしたその時に、理念やビジョンと結びつけて示します。

たとえば、こんな場合です。小売店の店頭で、客が購入したばかりの商品を持参したエコバッグにつめ込むのに苦労をしていた。それを見て、レジ待ちの客がすいたタイミングで客のもとに駆け付け、きれいに詰め込むのを助けてあげた。客は店員に対して何度も「ありがとう」と言って嬉しそうに店を出た、といった場面。そのタイミングをつかんで、「顧客満足を追求する行動だったね」と上司や周囲が声をかけます。

あるいは「顧客満足を高めた行動」を募るという方法もあります。同僚の目から見て「見習いたい」とか「素晴らしい」と思った行動をアンケート形式で募り、発表の場を設けます。第三者の視点から評価されれば本人への動機付けにもなりますし、他の社員に対して望ましい行動の事例を提供することともなります。

人は自分の行動を客観的に評価することはあまりありません。だから、周囲が客観的な視点から、理念と行動の重なり合いを見つけて褒めてあげる。これによって、理念が「腑に落ちる」といった経験を重ねてもらいます。

もう1つの方法は、少し遠回りに見えますが、社員をケアするということです。「あなたのことを気にかけている」「あなたの成長を応援している」といったメッセージを、言葉がけや行動を通して示していくことです。あるいは、その人の特性を踏まえた居場所を用意しておくということです。

好意を向けられれば、大方の人は、その相手に対して好意を抱き、会社のスタンスや進みたい方向にも協力的になります。「理由はよくわからないけれど、あなたが言うのだから従いましょう」といった反応を引き出せます。

もちろん多くの社員を見てきた経営者の方は、このような方法にリスクがあることを経験上ご存じかと思います。甘い扱いをすると「勘違いをする」というパターンです。経験の浅い、視野の狭い社員ほど起こりがちです。

よって、ここには抑止力を併せて用意しておく必要があります。たとえば行動指針と評価制度を連動させ、会社が必要とする行動や思考を、従うべきガイドラインとして整備しておくといった方法です。

こうした社内整備をしていくと、辞めるべき社員は辞めていくという現象が起こります。人材採用が難しい昨今、せっかく採用した社員が辞めていくという事態はなるべく避けたいものではありません。ですが、周囲に悪影響を及ぼす社員を温存するよりも、優れた選択であることもありえます。その社員にとっても、不適切な環境にいるよりも、自分の能力を伸ばせる環境に移った方が豊かな社会人生活を送れるという一面もあるのです。

働く人のウェルビーイングが業績に貢献するサイクル

前著『中小企業のサステナブルブランディング』にも書きましたが、私が実施した「幸福感と業績が両立する企業の質的研究」の結果に触れて、この章を終わりにしたいと思います。

私がこの研究を手掛けた背景には、中小企業支援、特に人材採用のサポートに関わりながら、多くの働く人があまり幸せそうではないことに気づいたことがあります。人材採用コンテンツを作る仕事を長らくやっていましたので、クライアントの社員にインタビューする機会が随分とありました。

そこで「あなたの仕事のやりがいは?」とか「これからどういうキャリアを歩みたいか?」といった質問をするたびに、本音レベルであまり良い回答を得られないことを多く経験しました。

もちろん建前では、「お客さんの笑顔を見るのがうれしい」とか「管理職になって人を育てたい」といった回答はもらいましたが、それが建前であることは、聞きながらもすぐにわかりました。本音ではあまり楽しそうに仕事をしている人がいない。それはなぜだろうと思ったのです。

何年かそのような経験をしながら、ある時、社員が楽しそうに仕事をしていて、業績もうなぎ上りという会社に出会いました。そして、その秘密は何かを探ってみたくなりました。そして実施したのが、先述の調査です。

結論からいうと、業績もよくて社員も幸福だと言っている会社には共通項がありました。それは全社レベル、組織レベル、個人レベルでの共通項でした。そのなかでも会社を運営する側がコントロールできるものとして、全社ビジョンの統一、利益意識の浸透、組織の構成メンバーの関係性の3つが重要であることがわかってきました。さらに深く調べていくと、これらの会社には優れたビジネスモデル、つまりは利益を生み出す仕組みが備わっていました。

最近は「ティール組織」などの自律運営型の有機的な組織モデルが示され、構成メンバー同士の関係性のなかで組織を運営する実例が語られています。私は、こと中小企業に関しては、持続可能な方向性を打ち出すリーダーの存在は不可欠という視点に立ちます。なぜなら、企業をとりまく環境は常に変化していますし、多くの場合、中小企業の社員は現場の事業を回すのに忙しく、中長期的な視野を持ちえません。となると、唯一、会社の行方を長期的に見据えて意思決定をしていけるのは社長をはじめとする経営層しかいないということになるからです。

ただし社員の貢献意欲を引き出し、仕事の成果を大きく引き上げるような環境の整備をしていくことは、これからの経営に不可欠な要素となるのは確実です。そのときにキーワードになるのが、貴社に対して抱く社員のマインドポジションです。社員の心に占める貴社の位置づけが高くなれば、社員の人生に占める貴社の優先順位が上がります。ただ単に働く場所であるというだけでなく、自分の能力を引き出し、成長をさせてもらえる「場」として格別の意味を持ってくるはずなのです。

第6章

マインドポジション経営実践のための10のポイント

マインドポジション経営実践のための10のポイント

マインドポジション経営のねらいは、社員が貴社に抱くマインドポジションを上げ、顧客のマインドポジション向上に自律的に取り組む体制づくりにあります。その成果として貴社の業績拡大とビジョンの達成を目指します。

次ページより、マインドポジション経営実践のために、社内に浸透させるべき以下の10のポイントを挙げます。ぜひ参考にしてください。

1 顧客に対する視点の転換
2 社員に対する視点の転換
3 相手への共感
4 関係性の改善
5 バックキャスティング
6 行動する。聞いてみる
7 心をつかむコピーライティング
8 軽いフットワーク
9 短期と長期の計画
10 ダブルループ学習

1　顧客に対する視点の転換

顧客のマインドポジションを向上させる際も、社員のマインドポジション向上を考える際も、従来慣れ親しんだ視点を変えてみる必要があります。顧客のマインドポジション向上から考えてみましょう。

物もサービスも各社間の差異があまりなくなってしまった昨今では、顧客のマインドポジションを上げるためには、顧客が本当に困っていること、悩んでいることを深く探究する必要があります。「顧客インサイト」などといった言葉が使われることもありますが、要するに顧客さえも気づいていない顧客の満たされない望みを見つけ出すことが必要です。

従来の企業と顧客の関係は、売り手と買い手という正反対の役割を分担していました。売る側が商品・サービスを提供し、その対価として買い手がお金を払うという関係です。マインドポジション経営においては、企業側が顧客の視点を持つ必要が生まれます。顧客の視点から自社の商品・サービスを再点検して、不足や不満を見つけ出します。

「カスタマージャーニー」という手法では、顧客が商品やサービスを認知してから購入に至るまでの道筋を明らかにし、それぞれのステップで購入の意思決定を促進する働き方を見定めていきます。

顧客の視点で商品・サービスを購入するまでの意識の流れを確認し、どの段階でどんな情報を提供すれば、次のステップに進んでもらえるか、購入意思決定をしてもらえるかを検討します。

従来の顧客に対するアプローチが、商品・サービスの特性を一方的にアピールする売り手の視点で行うのに対し、カスタマージャーニーは買い手の視点で商品・サービスの購入を決めるまでの道筋を見ていきます。まさに視点の転換が起こっています。


たとえばスーパーで目新しい野菜を販売する場面を想定します。売り手側は、目新しい野菜の産地や栄養価、美味しさをアピールして買い手の関心を惹きつけようとします。

ところが買い手側が最も関心を持つのは、「この目新しい野菜はどうやって調理したら美味しく食べられるか」とか「簡単に調理する方法はあるのか」とか「他の野菜と比べてコスパはどうなのか」などであるケースが多く、これらが明確にならなければ購入に踏み切ることができません。

こうした視点の違いは、顧客の側に立ってみないとわからないものなのです。

2　社員に対する視点の転換

社員のマインドポジション向上について考えてみましょう　やはり必要なのは、社員の側に立ってみるという姿勢です。

人材を経営資源の一つとして考え、道具のようにコントロールするという発想から抜け出る必要があります。人材はポジティブ感情を持てば、仕事への意欲も生産性も高まります。逆にネガティブ感情を持てば、仕事にも会社に対しても非生産的な関わり方しかできなくなります。

職場の悩みで最もよく耳にするのは、人間関係です。上司と部下の関係、同僚同士の関係、先輩と後輩の関係などなど…。目には見えませんが、職場の人間関係が悪い場合に社員が被るストレスは非常に大きく、モチベーションにも影響します。業務遂行上、必要な情報共有がとどこおることにもなりかねません。

ところが、ここに手を入れる必要性を感じる経営者は多くはありませんでした。人間関係は当事者同士の問題と考えられていたのです。

たとえば、ある部門に配属された二人の同僚の相性が悪い場合、放っておけば業務上の情報共有はされず、相互に相手が同じ部署にいるだけで仕事の効率が落ちます。賢明な上司がいれば、物理的な場所を引き離したり、一人を他の部署に異動させたりもできますが、そうでない場合は、いつまでも業務効率に悪影響を与え続けます。

職場の不満といえば、とある会社で「水道からお湯が出ない問題」を耳にしたことがあります。給湯器を備えていないので、寒い冬でも水道の蛇口からは水しかでないというのです。暑い夏であればともかく、冬に水を使って仕事をしなければいけない社員は小さな声で不満を訴えます。

しかし、そこに問題があるとは思いもよらない経営者は聞く耳を持たず、社員の不満は小さくくすぶり続けます。

労働人口の減少にともなって高齢者や女性が力仕事を担う場面も多くなってきました。重い荷物を持ち上げれば腰を痛めます。腰を痛めれば最悪の場合、仕事ができなくなり、辞職することにもなりかねません。

ある会社ではいち早くそこに気づき、腰をかがめなくても重い荷物が持ち上げられる器具を導入しました。女性や高齢者が喜んだばかりでなく、若い男性を含む他の社員も楽になったと喜んだといいます。職場のマイノリティの言葉に耳を傾けると、社員全員に恩恵が及ぶ実例の一つといえます。

「カーブカット効果」という言葉があります。ある夜、歩道の縁石（カーブ）にある段差に市民が無許可でセメントを流し込んで、車いすユーザーが通れるように傾斜をつくってしまったというエピソードです。この取り組みは車いすユーザーに恩恵を及ぼしただけでなく、すべての人が歩きやすくなったということで、地域全体に広まっていったということです。小さな声に耳を傾けることで得られる大きな成果です。

社員の声に耳を傾けることは職場環境の改善ばかりでなく、顧客満足の向上や新規顧客の開拓にも役立ちます。

貴社の既存商品やサービスを、新しい角度から評価しなおして、新しい切り口で市場に提示することもできます。

貴社の商品やサービスの価値を日々、顧客に伝えているのは社員であり、顧客の評価を聞き取っているのも貴社の社員に他なりません。その視点でつかんだ変化に応える行動を推奨し、貴社の商品・サービスの新しい見せ方や魅力付けを検討していきたいものです。

3 相手への共感

視点を変えるということは、顧客や社員との関係を「互いに向き合う」関係から「同じ方向を向く」関係に変えるということです。利害関係が相反する関係から、同じ利害を共有する関係になるともいえます。

こういう関係になるために必要なのが、相手をよく観察し、話をよく聞き、共感するという姿勢です。

ユーザー視点に立って商品やサービスの問題点を探り、新たな提案をする「デザイン思考」が、さまざまな場面で使われるようになりました。「デザイン思考」とは、デザイナーがデザインをするときにクライアントのあいまいな要望や意向を聞き取りながら、デザインという形に落とし込んでいくときのプロセスにならった思考法です。ユーザー視点に立ち、その求めるものを言葉で定義しつつ、簡易的な試作を繰り返しながら、ユーザーが本当に求めるものに近づいていきます。

デザイン思考のプロセスは「観察・共感」「定義」「概念化」「試作」「テスト」の5段階

といわれます。その最初の段階にある「観察・共感」が、「向き合う関係」から「同じ方向を向く」関係への転換に役立ちます。

商品やサービスの開発者がまず現場に行って、その商材が使われている場面を観察します。言葉にならないほどの微妙な使い勝手の悪さや、無駄な動きなどを観察し、ときに、ユーザーにインタビューをして既存の機器や道具の課題を推し量ります。

デザイン思考の成果として有名なのが、GE社によるMRIの課題解決事例です。MRIとは、脳や身体の断層写真を身体にメスを入れることなく撮影する装置のことです。この当時のMRIは作動中に非常に大きな音を出すため、小さな子どもの患者を検査しようとすると、怖がって入りたがらなかったり、泣き出したりして検査に支障が生まれていました。そこで現場では、仕方なく子どもに鎮静剤を打って対処をしていたといいます。

音が大きくて子どもが怖がるなら、音を抑えるような設計変更をしよう……この問題を解決しようとすると、普通は、こんなふうに考えます。しかし、このときGE社のエンジニアがやったのは、MRIの装置を海賊船、検査室を海や島に見立てて装飾するということでした。

「今から海賊船に乗り込むよ。海賊たちに見つからないようにじっとしていて」と患者である子どもに指示を出したのです。すると、子どもたちは喜んでＭＲＩ検査を受けるようになりました。なかには「明日もまた来たい」という子どももいたということです。

エンジニアがエンジニアの視点のままで問題の解決をしようとしたら、たどり着けない解決策です。しかし、子どもの視点に寄り添い、ＭＲＩ検査自体を楽しめるようにするにはどうすれば良いかという発想で臨んだからこそ、語り継がれるような成果に結びついたといえます。当然、医療現場の負担は減り、画期的な改善提案を実現したＧＥのエンジニアに対する関係者のマインドポジションも上がる結果となったはずです。ユーザーに共感する姿勢が引き起こした快挙といえます。

4　関係性の改善

マインドポジション経営実践のための4つ目のポイントは、関係性の改善です。

第5章でも触れましたが、職場における人間関係の良し悪しが個人やチームの成果に大きな影響を与えることがわかってきました。

よくあるのは上司と部下の関係が悪いために、部下が十分に実力を発揮できないようなケースです。

たとえば、上司が事細かに指示を出すタイプ、対して部下は自分の自由な発想で仕事を進めたいタイプといった場合。一般的に上司の方に力がありますので、部下は従わざるを得ず、自分のスタイルで仕事ができないために、思うような成果が出せません。

上司は事細かに指示を出すのが自分の仕事と考え、それによって自分の評価が決まると考えていたりします。さらに、上司たる自分の指示を部下は素直に聞くべきであるという認識に立っていると、部下との関係は一向に改善されません。

人は他人も自分と同じように考え、行動して当然と思うものです。ところが、こうした推測は大体外れます。

部下がどのように考えているかは、部下に聞いてみなければわからないのです。関係性を改善するためには、相手の胸のうちを聞く機会をつくることが必要です。1on1ミーティングなど上司と部下の一対一の会話の機会を設ける会社が増えているのは、このような理由によります。

ただし、こうした取り組みを開始するには準備が必要です。従来のやり方の延長線上で、上司と部下が一対一の会話を始めると、大方の場合、上司が部下の問題点に対して一方的なアドバイスをするという結果になりがちだからです。部下は自分の話を聞いてもらえないフラストレーションが溜まるばかり。悪い場合は、自分なりの意見やアイデアを表明する能力も意欲も失っていきます。

必要なのは、部下の話を上司が傾聴するという態度です。部下が抱える問題点に寄り添い、部下の自律性を尊重しながらアドバイスをしていく姿勢です。

という話をすると、「部下を甘やかすのか」と言われる方がおられます。

一見そのようにも見えますが、これは、甘やかすのではなく、部下の自律性を育て、上司と部下の関係を改善するための手段なのです。

上司と部下の関係性が改善され、信頼関係が構築できれば、上司の指示が部下に浸透しやすくなります。部下側に「聞く耳」が育成されます。

顧客との関係性でも同様のことがいえます。ＢｔｏＣの商材であれば、一回きりの顧客をリピート客に育て、クチコミ発信源ともなるロイヤル顧客に育て上げることが大切です。そのために必要なのは、売り手と買い手の関係を超えた「ファン化」です。商品やサービスを買ってもらうことがゴールではなく、実際に使ってフィードバックをもらい、さらに顧客のニーズに寄り添っていく関係づくりが、マインドポジション向上と長期的な利益に結びつきます。

ＢｔｏＢの商材であれば、顧客の社長、あるいは担当者との良好な関係が、リピート化とさらなる需要の喚起に役立ちます。

良好な関係づくりに必要なのは、提供する商品・サービスそのものの内容に加え、提供体制、価格、ニーズへの対応力などの広範な要素の充実です。これらを顧客視点で整えていくことで、関係性が深まり、なくてはならない存在、つまりは顧客にとってのマインドポジションの高い企業となっていきます。

5　バックキャスティング

ＶＵＣＡと呼ばれる先行きの見通しがきかない時代に入り、社会の動きも顧客の動向も過去の延長線上に描くのは難しいといわれます。過去に成功したことを再度繰り返しても、同じ成果にたどり着くかどうかは定かではありません。なぜなら、とりまく環境が変わってしまっているからです。

たとえばコロナ禍で一躍脚光を浴びた郊外のキャンプ場。あるアンケート調査によると、コロナ禍が終了したのちもキャンプに出掛けたいという人は一定数いることがわかりました。しかし、非対面・非接触が必須ではなくなった暁には、屋内で楽しめるエンターテインメントが復活し、キャンプ場ビジネスにいずれ陰りがくることも予想されます。同じことをやっていても顧客をつなぎとめることができない。であれば、次に来る環境変化の性質を踏まえて、新しい手を打っていく必要があります。

そうしたときに役に立つのが「バックキャスティング」という考え方です。「バックキャスティング」とは、過去の経験に基づき、将来を構想・計画するのではなく、将来のあるべき姿、目指すゴールから今やるべきことを逆算して構想し、計画を具体化していくことを指します。次に来るであろう顧客ニーズや社会環境の変化が見通せないから、これらに依存することなく、自社の軸や意志にもとづいて未来をつくっていこうという考え方です。

マインドポジション経営は、企業にとって重要なステークホルダーである顧客と社員の双方が夢や希望を重ねられる「理想の未来」を目指して実践します。この「理想の未来」からバックキャスティングして、今やるべきことを考えます。この時、考慮したいことが2つあります。1つは、貴社のビジョンやあるべき姿に社会性を投影すること。もう1つは、過去や現在の制約をあえて無視して「今何をすべきか」を考えることです。

1つ目の「社会性を投影する」とは、10年程度先の顧客を含む社会のニーズを踏まえて検討することを指しています。社会のニーズとは、社会課題のことです。具体的には、地球環境保護や社会的弱者を取り残さないなどサステナビリティ（持続可能性）を念頭に置いた事業の構想です。この構想を直近の顧客ニーズと結びつけ、共感性と収益性を両立させます。

2つ目の「過去や現在の制約をあえて無視する」。バックキャスティングで新しい構想を打ち立てるときには、ほぼ確実に、実現を阻害する制約や障害が生まれます。だからこそ「あえて無視する」勇気が必要です。

先のキャンプ場の例でいえば、コロナ禍が去って、屋内のエンターテインメントに回帰する、つまりはキャンプ場から客足が遠のくことが、近い将来、予想されているとします。そうだとしたら、まず考えるべきは、このキャンプ場のビジョン、理想の姿です。仮に今、「屋外で自然に親しむ楽しみを提供する」といった理念を掲げているとしたら、それだけでは、環境の変化を受け止めることができません。もう一階層上のビジョンやコンセプトが必要です。

ビジョンの策定は経営者の創業の理念や考え方がベースになりますが、もう一階層上のビジョンの例として「家族や仲間と触れ合える非日常空間を提案し続ける」といったものを掲げることができます。これはキャンプ場が提供できる価値を別の角度から描いたものです。同時に、コロナ禍が去って屋内エンターテインメントが復活しても通用する価値となります。

気をつけるべきは、これを実際の事業に落とし込もうというときに障害が生まれるということです。

「家族や仲間と触れ合える非日常空間を提供し続ける」というビジョンを策定したとしても、たとえば「非日常空間など過去にやったことがないから考えられない」とか「現状の人員や施設では無理」などといった反対意見が社内から出てきます。新しいノウハウや許認可を取得しなければならないといったことも起こりえます。こうした障害や制約があまりに大きいとあえて挑む気力も薄れて「そちらの方向には進まない」という選択がされがちです。これではバックキャスティングの意味がありません。

よって、障害や制約に行く手を阻まれないための決めごと、つまりは「過去や現在の制約をあえて無視する」というルールが必要となります。

6　行動する。聞いてみる

ここまでにマインドポジション経営実践のためのポイントを5つ書いてきました。

この5つを実施することで、貴社に対する顧客や社員、あるいは人材採用対象者のマインドポジションを上げる計画や働きかけの土壌が整ってきます。

気をつけたいのは、これらはすべて「仮説」だということです。仮説には検証が必要です。検証するためには、実際に行動して、対象となる人たちの反応を探ってみる必要があります。

そこで、マインドポジション経営実践のための6つ目のポイントとして、「行動する。聞いてみる」を挙げました。

たとえば、ある中小企業が社会貢献活動の一環で、貧困家庭にお弁当を届けるイベントを開こうと考えたとします。

ひとり親家庭の貧困問題は日本でもかなり厳しい状況にあり、コロナ禍の影響もあって一日一食で過ごしている親が全体の1割程度いるという数字も報告されています。これが本当なら「一食でも無料で届けば、相手は喜ぶだろう」と考えるわけです。

しかし、一食の食事で貧困家庭の問題は解決の方向に向かうのでしょうか。弁当が届けば、感謝の意を表するでしょう。一日一食で過ごしている親がいるとしたら無償提供された一食の食事は非常にありがたいものでしょう。

しかし、本音ではもっと別のところに望みや期待を持っている可能性はあります。たとえば貧困家庭の多くはシングルマザーで、育児をしながら働くから時間の制約があり、時給の安いパートの仕事にしか就けないといった問題があるかもしれません。貧困問題を突き詰めれば、キャリア意識の欠如に問題があるかもしれません。

もちろんこちらのできることにも限界はありますので、すべての要望に応えられるわけではありません。しかし、一般に出回っている統計資料やこちらの憶測だけで相手の問題を定義し、対策を打つ方法に無理があるのは確かです。

また、企業ですからボランティア的に「良いことをした」で終わらせず、新しいビジネスに結びつく本質的な課題を掘り起こす方が望ましいともいえます。

新規事業を始める際にも、「たぶんお客様はこう思っているだろう」という推測だけを根拠に計画を組み立てるケースがよくあります。この仮説の設定は第一歩を踏み出すうえで不可欠なものですが、仮説のまま走ってしまうことのリスクは計り知れません。顧客のニーズとの接点が生まれないまま、売れない商品が積み上がります。

解決策は非常にシンプルです。自ら動いて、お客様に聞いてみることです。聞く際には、試作品なり企画書なり、こちらの構想の理解が進む何らかのものがあればコミュニケーションもスムーズにいきます。心をつかむコピーができていれば、コンセプトを伝える絶好の道具となります。

先述のデザイン思考のプロセスには、「試作」が含まれています。つまりは商品やサービスのコンセプトを形にして、相手に見せるということです。これによって相手の理解を促し、仮説の検証に役立つ、より具体的な反応を得ることができるはずです。

7　心をつかむコピーライティング

顧客や社員のマインドポジションを上げるうえで、言葉の果たす役割には大きなものがあります。会社が発するメッセージが端的にわかりやすい言葉で表現されていれば、相手の共感を呼びやすく、記憶にも残りやすいものです。そこで必要となるのが、心をつかむコピーライティングです。

コピーライティングで大切なのは、メッセージの対象者が「自分のことを言われている」と感じるような当事者意識の創出です。それは対象者が抱えている問題を具体的に指摘するものや、心から願っている理想の未来の表現によって実現します。これらが的確に言語化されていればいるほど、コピーライティングの効果は高まります。メッセージが届いた相手のマインドポジション向上に貢献します。

その意味では、何度も書きますが、ザ・リッツ・カールトンのゴールドスタンダードに記された「紳士淑女をおもてなしする私たちもまた紳士淑女です」というモットーは、見るたびにその完成度の高さに感動を覚えざるをえません。

なぜなら、「紳士淑女」と呼ぶことで、顧客に対する敬意を表し、自分たちもまた同じ「紳士淑女」であると表現することで、この会社で働くことのプライドと喜びを表しているからです。単一のフレーズが、顧客と社員のマインドポジション向上に貢献するという意味で、優れたコピーです。そのうえ、わかりやすい言葉遣いと語呂の良さで覚えやすいなど、見習いたい点が多々あります。

「どうしたら心をつかむコピーが書けるか」という質問をいただくことがよくあります。万能ではありませんが、心をつかむコピーを書くために私がとっている方法を紹介します。

まず、表現したい要素を書き出します。最初は長い文章でもかまいません。それを全て頭のなかに入れて、しばらく反芻します。同時に、過去の優れたコピーを眺めてみます。そのテンポや音の流れ、文章の構造などをやはり頭のなかで転がしてみて、先に頭に入れておいた表現したい要素と組み合わせてみます。組み合わせのパターンはいくつも出てきますので、それを全て書き出します。少し時間がたってから、そのなかの良いものを選ぶか、第三者に評価してもらってさらにブラッシュアップします。

最終的な選択は、顧客にせよ、社員や人材採用の対象者にせよ、当事者に近い人の判断を頼りにします。自分ごととして捉えてもらえるかどうかが、マインドポジションを上げるコピーになるかどうかの分かれ目ともいえます。

8　軽いフットワーク

顧客や社員の視点に立って共感し、そこから仮説を立てる。そして自ら動いて検証する。このプロセスはフットワークよく行いたいものです。

第2章で紹介したK社もそうですが、「まるで文化祭のような軽いノリ」でやっています。もちろん業務上の課題解決には真剣に取り組むのですが、その解決のプロセスは部署を横断してワイワイガヤガヤと相談しながらやっています。

計画実行のプロセスは一般的にPDCAという言葉で表現されます。計画、実行、チェック、修正です。環境変化のスピードが速い現在のような状況では、OODAループという考え方を並行して取り入れるのが良いとされています。

O（Observe）観察し、O（Orient）方向づけをし、D（Decide）決めて、A（Act）動く。計画に時間を割くことなく、顧客や現場の観察から得られた情報をもとに大体の方向を決めてアクションを起こすという方法です。

面白いのは、OODAと直線的に進むのではなく、状況に応じて後戻りも可とする考え方です。方向づけをした後に新しい現象が登場したら再び観察フェーズに戻り、新たな方向づけをするといった「行きつ、戻りつ」も許容しています。

たとえば、顧客のアンケート調査（O＝観察）をもとに商品の広告を変更することに決めた（O＝方向づけ）とします。当初主要顧客として想定していた高齢者よりも、20代前後の若い層が主要顧客となっていたことがわかり、それに基づき20代の若者に響きそうなイマドキのデザインに変更して、さらに売り上げ拡大を目指すことに決めます（D＝決める）。この決定をもとにデザイナーに発注をして新しい広告の制作が進み始めます（A＝動く）。

ところが、顧客のインタビューをさらに進めてみると（O＝観察）、20代前後の若者が惹かれていたのは、当初高齢者向けにデザインしたノスタルジックな昭和テイストだったということがわかります。変更前のデザインがズバリ若者たちに受けていたということです。

広告を替えるべきかどうか、検討の必要が生まれます。どちらの広告が売上拡大に貢献するのか。これは実験してみなければわかりません（O＝方向づけ）。そこでウェブを使って比較広告を出稿することにします（D＝決める）。以前のものと新しいものの両方を出稿して効果を比較します（A＝動く）。

こんなふうに状況の変化に応じて柔軟に計画の方向性を変え、行動を通して学びながら最適解を探し当てていく方法をとることができます。フットワークよく、しかもコストのかからない方法を選択しながら行います。

ＯＫＲと呼ばれる目標管理制度の一形態も同じようにフットワークよく、ワイワイガヤガヤと楽しみながらできるものです。ＯはＯｂｊｅｃｔｉｖｅｓ（達成目標）、ＫＲはＫｅｙＲｅｓｕｌｔｓ（主要な成果）を意味しています

目標管理制度というと従来は、ＭＢＯと呼ばれるものが主流で、評価制度と結びついていたために、「目標をあえて低く設定する」という弊害が生まれていました。高い目標を設定して、万一到達しなければ、自分の評価が下がります。そんなリスクをとりたい人はまずいないからです。

ＯＫＲは評価制度とは結びつけないという点が特徴として挙げられます。だからこそ人事評価のプレッシャーを逃れて自由に取り組むことができるようになっています。

ＯＫＲはまず、会社の目標を社員の目標に細分化して、会社と個人の目標の方向性をそろえます。目標は到達できそうなレベルより少し上のストレッチ目標とし、到達意欲を高める仕掛けをします。高い目標に挑戦したプロセスを評価し、60～70％の達成度でも良し

としますので、文化祭のような軽いノリで取り組めるというメリットがあります。

ＯＯＤＡやＯＫＲなどの考え方や管理手法は次々に新しいものが登場するため翻弄されることもありますが、社員のモチベーションを高めながら、会社の目標達成を狙う基本的な考え方はマインドポジション経営と同じ基軸にあります。既存の管理手法とミックスして使えるところは取り入れながら利用していくのが良いでしょう。

9　短期と長期の計画

視点の転換やバックキャスティングなどの手法をもとに顧客や社員のマインドポジションを上げる検討を進めていくと、すぐには利益に結びつかない大きな構想が生まれることがあります。

こうした構想は、日々の仕事から利益を生み出したい中小企業にとっては、優先順位が低いものになりがちです。他方、大きな構想がなければ、日々の業務の方向性も導き出しにくいものです。

そこで提案したいのが、長期と短期の計画を並行して立てるということです。

先のキャンプ場の例で考えてみましょう。

アフターコロナを見据え、屋外から屋内へレジャーの場が変わっていくという大きなトレンドが見えてきたとします。しかしコロナ禍を契機に盛り上がったキャンプ需要は急速に衰えるとは思えません。多くの人がアフターコロナもキャンプを楽しみたいと考えていることがアンケート調査からわかったからです。

したがって、まずは、屋外でキャンプを楽しみたい人、つまりは現在の顧客の更なるニーズに応え、短期的な収益に結びつく計画を立てていく必要があります。
たとえばキャンプでバーベキューをする時の食材調達を代行するとか、調理器具や食器をレンタルすることでユーザーの利便性を向上させるサービスを充実させ、リピート利用や客単価の向上を狙います。現有顧客のニーズに基づき、新たなサービス提供によって付加価値を向上させる手を打ちます。

同時に長期的な視点で、アフターコロナのトレンドをにらんだ計画を練っていきます。先のキャンプ場の例であれば、たとえば「家族や仲間と触れ合える非日常空間を提案し続ける」という長期的なゴール設定をします。キャンプ場というアウトドア空間の提供から、場所を問わず「家族や仲間と触れ合える非日常空間」の提供を新たなゴールと定めます。次に、このゴール達成のために乗り越えなければならない課題を洗い出します。
現状でアウトドア空間しか提供できないのであれば、インドアなどその他の空間提供を可能とする条件を検討します。家族や仲間と触れ合う仕掛けに魅力が不足しているのであれば、自社のリソースを再点検して作り上げるか、他社とのコラボで補うことを考えます。

短期的な計画と長期的な計画を並行して実施する際には、短期的な視点が優先されがちです。長期的な計画は多くの場合、現状の制約を超える必要がありますので、時間もかかります。したがって経営者がその必要性を都度強調し、適切な進捗管理をしながら進めていく必要があるでしょう。

10　ダブルループ学習

先述のようにマインドポジション経営とは、貴社に対する社員の心の位置づけ（マインドポジション）を上げ、その社員が、貴社に対する顧客のマインドポジションを上げる取り組みを自律的に行っていけるように導く経営です。これによって業績の向上と会社の持続可能性を担保します。

本章で挙げている9つのポイントのうち1から4は、認識の転換に関わるものです。今まで「当たり前」と思っていた世の中の見方を少し変え、以前よりも視野を広げることで、顧客や社員、あるいは社員同士の新しい関わり方を探ります。

今まで慣れ親しんできた世の中の認識の仕方を変えるのは容易ではありません。なぜならそれは、私たちが物事を考える前提としてすでに頭のなかに刷り込まれているからです。特に会社の風土のなかに刷り込まれたものは強固です。

たとえば長年、下請けとして取引先から大口の仕事を請け、単価は安いものの安定した仕事を確保してきた企業は、仮に取引先の海外移転などによって大口の仕事が減少としたとしても、他の市場に目を向けることが簡単にはできません。

単価は上がるけれど、ロットが小さく、取引先からの要望が複雑になるような仕事に手を出す決断はなかなかできないものです。

既存の仕事が先細りになっていく現実を感じながらも、いずれまた回復してくるであろうという楽観的な展望を抱いて、傍観している会社を私もいくつか見てきました。

本来やるべきは、兆候が見えてきた段階で、少しずつ手を打っていくことでしょう。しかし、やらなかった理由は、世の中に対する認識の仕方を変えられなかった、あるいは、変えたくなかったことにあります。その結果、既存顧客のマインドポジションの低下を見逃し、新規の顧客のマインドポジションを上げていく機会をつかみ損なってしまいました。

先の9つのポイントのうち、5から9は、計画を立て、関わる人を巻き込んで、実践していくプロセスに関するものです。

計画を立てるときの注意点は、従来のやり方に固執しないこと。計画自体の完成度を追求するよりも行動に移すことを優先し、走りながら考えて、最適解を見つけることです。100%正しいベストの方法などはないことを理解し、その都度の最適解を探っていく姿勢が必要です。

何度も繰り返しますが、マインドポジション経営は貴社に対する社員のマインドポジションを上げることで、社員が自律的に顧客のマインドポジションを上げる行動をとるよう導く経営です。この実現のためには、従来のやり方の延長線上ではなく、新しい考え方を取り入れていく必要があります。今までのやり方を俯瞰して、客観的に評価してみることで、長期的な視点から課題解決に役立つ新しい糸口を見つけます。それはダブルループ学習とも呼ばれるものです。

私たちが慣れ親しんだPDCAプロセスはシングルループ学習とも呼ばれ、行動の結果を踏まえて計画を改善し、新しいプロセスをたどります。対してダブルループ学習は、行動の結果を踏まえて、計画の前提となっている考え方や物事の認識の仕方を見直し、そこに現状とのギャップがあれば改革の手を入れていくものです。

シングルループ学習を何度か繰り返しても解決できない問題があるとしたら、計画の前提となっている考え方をアップデートする必要があるかもしれません。

たとえば、日本の電化製品は多様化する顧客ニーズへの対応と技術の進歩に後押しされて、多機能化の一途をたどりました。テレビに録画機能やタイマー機能を付加し、再生方法もさまざまなバリエーションをそろえました。顧客ニーズに応える新製品の開発は、この方向が最適であるという「前提」があったからです。

ところが電化製品のユーザーすべてが多機能化を望んでいたわけではありません。なかには操作方法の複雑さを敬遠して新製品の購入をあきらめた人もいました。そういうなか、わかりやすい操作方法とシンプルな機能に特化した外国製品が現れると、多くのユーザーがこちらを選び始めました。そこで初めて、多様なニーズに応える多機能化が正しいという「前提」が間違っていたことに気づくわけです。

ここからダブルループ学習が始まります。「前提」を上書きすることで従来とは異なる立ち位置から商品の開発がはじまります。より広い視野で顧客のニーズや商品の潜在力をとらえ、従来の延長戦上ではない革新的な商品開発につながる可能性が広がります。新しい視野を得た人材のモチベーションアップにもつながるはずです。

ここまでマインドポジション経営実践のための10のポイントを挙げてきました。すでに必要性に気づいて取り組んでいる社長もおられると思います。しかしながら、通常の業務を回しながら新しい考え方を取り入れ、成果を出していくには時間がかかります。新しいことを始めれば、社内に抵抗が生まれることもあり得ます。だからこそ、実績のある手法を用いて、早期に取り組み始めたいものです。

おわりに

日本の企業の99・7％を占めると言われる中小企業には多様な個性があります。

その個性のほとんどは社長のキャラクターによって決まります。社長の事業や顧客、社員に対する考え方が会社のカラーをつくっています。

社長の関心ごとは会社の成長段階によって大きく変わります。

最初の関心ごとは、いかに顧客をつかんで売上・利益を上げるかに集約されます。

この段階でもハードルは高いのですが、いったん目標を達成したとしても安心しているわけにはいきません。環境が変われば、顧客の心も動きます。

変化をとらえてこちらも変わっていく必要があります。

次に、事業が育ってくると人を雇って、自分ではなく、社員に仕事をやってもらう段階に入ります。

最初は決まった仕事をソツなくこなすことを社員に期待しますが、次第に社員自身が自分で判断して会社の利益になる仕事に自律的に取り組んでくれることを望むようになります。

まるで自分の分身であるかのように動いてくれることを期待するようになります。

顧客にしても社員にしても難しいのは、その内面がつかみにくいということです。言葉にして語れる程度まで意識化されていればよいのですが、当の本人でさえ何をしたいのかよくわからない、あるいは、考えたこともないことはよくあります。

こういう状況であると、こちらから何らかの働きかけをして、レスポンスを通して相手の内面を推し量る必要があります。

マインドポジション経営は、顧客や社員の心に占める貴社の位置づけを上げていくことを指しています。

それは、顧客や社員との間に信頼を積み上げていくことで成し遂げられます。

信頼を積み上げるとは、つまりは、顧客や社員が望むように貴社がふるまえることと、社員が力を出せる環境を貴社が用意できることを、実績を通して立証していくということです。

こうした取り組みを通して、社員が自律的に顧客を喜ばせる行動を選択し、その行動自体が社員にとっての喜びになるような循環を作っていくことを目指します。

結果として会社の売上・利益が拡大し、持続可能な事業形態を作り上げていきます。


第2章で取り上げさせていただいたK社は、静岡県湖西市にある協和工業といいます。自分たちに誇りを持てる仕事をしたいという意思をもって独自の領域を切り開いておられる中小企業です。

私はK社のブランディングや人材採用、そして組織開発の観点で支援をさせていただきました。

本書はK社をはじめ複数の企業にお伝えし、成果が出た考え方を中心に私の30年以上にわたる中小企業支援の知恵を交えて構成しています。

本書を読まれた皆様が、環境の変化に適応し、今よりもっと良い会社を作りたいと思ったときにお役に立てれば嬉しく思います。
最後までお読みいただきありがとうございました。

2023年5月吉日

株式会社アトリオン　代表取締役　村木則予

著者　村木　則予　Noriyo Muraki

マインドポジション経営コンサルタント。

採用媒体社や広報・ＩＴ系企業等でブランディングや人材採用等に関する経験を重ねたのち、中小企業および創業者のコンサルタントとして延べ１００社以上の経営を支援。並行して、組織改革の分野の研究を開始し、利益創出に資する組織づくりの要諦を探求。

その一つとして手掛けたのが「人材の幸福感と業績が両立する企業の質的研究」。働く人の満足感や幸福感が高く、業績も業界平均以上という企業の共通項を発見し、マス・アイデンティティと名付ける。

この研究成果に、マーケティングや新規事業開発の最新の知見等を組み込み、「マインドポジション経営実践プログラム」を開発。顧客と社員における「自社の心の位置づけ」を引き上げ、業績を押し上げるサイクルを創出するコンサルティング展開で、特に人の問題等で悩む企業において絶大な成果をあげる。

津田塾大学学芸学部英文学科卒。

静岡大工学部事業開発マネジメント専攻了（工学修士）。

中小企業診断士。

小社 エベレスト出版について

「一冊の本から、世の中を変える」――当社は、鋭く専門性に富んだビジネス書を、世に発信するために設立されました。当社が発行する書籍は、非常に粗削りかもしれません。熟成度や完成度で言えばまだまだ低いかもしれません。しかし、

・リーダー層に対して「強いメッセージ性」があるもの
・著者の独自性、著者自身が生み出した特徴があること
・世の中を良く変える、考えや発想、アイデアがあること

を基本方針として掲げて、そこにこだわった出版を目指します。

あくまでも、リーダー層、経営者層にとって響く一冊。その一冊から経営が変わるかもしれない一冊。著者とリーダー層の新しい結び付きのきっかけのために、当社は全力で書籍の発行をいたします。

社員とお客様の心をつかみ業績とやりがいを循環させる
マインドポジション経営の実践

定価：本体1、980円（10%税込）

2023年6月14日　初　版　印刷
2023年7月4日　初　版　発行

著　者　村木則予（むらきのりよ）
発行人　神野啓子
発行所　株式会社　エベレスト出版
〒101-0052
東京都千代田区神田小川町1-8-3-3F
TEL　03-5771-8285
FAX　03-6869-9575
http://www.ebpc.jp

発　売　株式会社　星雲社（共同出版社・流通責任出版社）
〒112-0005
東京都文京区水道1-3-30
TEL　03-3868-3275

印　刷　株式会社 精興社　　装　丁　MIKAN-DESIGN
製　本　株式会社 精興社　　本　文　北越紀州製紙

ISBN 978-4-434-32227-3